股市
天機圖
操盤法

股神巴菲特連續40幾年**20%**的投資報酬率，
他就是世界**第二首富**，
那如果你能有**30%**的報酬呢？

余森山 | 著

目 錄

作者序

　　進入花甲耳順之年，常常在想股市江湖 30 幾年生涯，走過多少金融風暴，貨幣危機，戰爭風雲，仍然屹立不搖，保持常勝記錄，一生戰績彪炳，是否到年老就歸於黃土，還是在尚有能力之餘，分享給投資人，幫助廣大散戶能在茫茫股海中，少走冤枉路，將一身股市投資真功夫，傳承下去，才有出書打算。作功德又可傳子傳孫。

　　書名為「股市天機圖操盤法」，把勝率 70% 到 100% 的技術分析，用 SOP 模式和公式，在市場實際操作 20 年，得出來的心得，告訴大家，不管在多頭市場或空頭市場，都能有 30% 的投資報酬率。股神巴菲特連續 40 幾年，20% 的投資報酬率，他就是世界第二首富。可見股市驚人的資金複利槓桿原理，做對三年就發，做錯它就是你的墳場，所以從事股票的投資人，人人都必須學技術分析。當然操作股票方法很多，如果你是勝利一方，請保持繼續努力，如果你的操作方法不順利，請參考筆者的方法，畢竟這套獲利公式，是經過 30 年股市實戰的驗證。

　　技術分析琳瑯滿目，有價.量.指標.時間，還有五術斷股市，太陽線法，X 線……我學過的就有上百種，沒有一種是可靠的，不，應該是說每一種技術都有他的理論價值和應用之處，不一定適用於股市。你買股票，明天不是漲就是跌兩種，機率 50%，可是到頭來 80% 的人都賠錢。為何？

　　模擬兩可的技術分析指標太多，無法告訴你正確方向，常常左手

打右手，勝率 50% 的指標沒用，不一定讓你獲利。天機圖操盤法有 33 招與內功心法 33 條，是勝率 70% 到 100% 的技術分析，例如你有 100 萬，目前（2327）國巨進入 A 模式，有 90% 上漲機率，請問你買不買，買多少想必很多人一定會重押，果真大漲的話，報酬率就會很驚人，相信很多人都沒有在股市一支股票，賺過一倍以上，若是有的話也沒有重倉持有。道理很簡單，就是不知道他是否會漲，會漲到哪裡。天機圖的公式是來解決這些問題，同學必須牢記公式。

去年底成立「甲骨文證券研究社」，從事教學工作，以教育角度，培育從事股票投資人。有線上視頻教學，更首創盤中直播教學，將理論與實際操作連結，這是真功夫，硬底子。目的在於如何把天機圖帶入實際盤面上，讓投資人都能融會貫通。

最後，感謝一些朋友幫忙才能順利出書，期許您閱讀完後，也能有助益，好書跟好友分享，多幫助一些投資人。感恩。

余森山 109.05.14

推薦分享／學員們的親身見證

學員翁豐榮見證
　　　　預見趨勢的秘笈

　　因對投資理財有興趣，故研閱很多投資理財參考書籍，但在股票市場中總是在百分之九十的輸家其中之一。鑑於此有必要投資自己、在股市中教育自己，期許能夠在股票市場中能預約財富，因此很認真在尋覓能夠創造財富的名師。有幸參加由余森山老師所創立甲骨文證券研究社，它是以教育投資人能在股市獲利為目的教育社團。天機圖操盤法是甲骨文證券研究社最主要的課程，此次余老師把獨門秘笈寫成書、與眾人分享，實在是胸襟寬潤、造福人群的一件大事。

　　在股市有沒有穩不賠的方法？當然有；那就是此本天機圖操盤法的法則，如能融會貫通天機圖操盤法將能夠使您在股市投資中成功機率達百分之七十以上，此投資法則將告訴您免除不確定的買賣與選擇、也會比別人提早發現蛛絲馬跡的大波段行情，這也是余老師最自豪的功夫。

　　股市裡賺錢是所有投資人的期望，要實現賺錢的期望唯精進自我實力及選對好的技術方法，此時天機圖操盤法是值得推薦的書，因它的問世，將會帶給投資人注入新生命，開創投資人更有願景的明天。

學員陳珮蒂見證

奇才大師指引，掌握全球驚心動魄疫情蔓延的股市走勢

　　森山老師，是我在市場上少數景仰的大師，多年追隨老師，老師毫無保留傾囊相授，將精華灌頂我們這群學生，有幸加入甲骨文研究社獲益良多。

　　股市不是一般行業，動盪起伏很快，就像海象變化莫測，若沒有深厚的功力以及多年累積的實戰經驗，很難在市場存活。尤其在股市動盪之際最能顯現老師的判斷力，森山老師是這方面難得可貴的奇才，以今年年初疫情為例，最能真實反映老師的實力。

　　猶記年初股市一片欣欣向榮，在農曆過年之際，老師耳提面命要把持股減為 2 成，以防年假多天，萬一國際股市有巨大變動，無法因應，不料在年假即將結束之際，大陸傳出新冠疫情，1/30 當日開盤一根長黑棒，台股下殺近 700 點，當時美股還創高，隨著疫情擴散全球，3 月份全球股市開始瘋狂下跌，美股不時懸崖式跳水下殺，連股神巴菲特都震驚說：未曾看過在一個月中 3 次的熔斷機制，全球股民哀鴻遍野，至今回想起仍覺膽戰心驚。

　　在這一次恐慌性的下跌中，森山老師卻穩如泰山，他的看法是：1. 台股具有很強的基本面 2. 疫情終究會過去 3. 大盤在 4 月中旬就會慢慢止穩回升；台股下殺至 8700 點，老師不斷鼓勵我們要增加持股 5 成以上，當時美股下跌仍然 ING 中…彷彿看不到盡頭，當台股下殺至 8500 點附近，老師解盤更大膽說出他已持股滿檔，3/23（一）更

明確說出台積電在 250-260 買進，短期內就會看到有 2 成的報酬，並說：此刻不用挑股，任何股票都會反彈，在那時的氣氛，有很多分析師不斷下修台股指數 7500 － 6000，悲觀情緒壟罩整個市場，而森山老師卻心有定見，帶領我們這群學生在這灰暗的市場中看見藍天，如果不是有深厚的實戰經驗，對市場敏銳的觀察，如何在這場戰役中勝出？

老師常說：在股市中要像 3 種動物，駱駝、老鷹、豹，在慢條斯理中學會觀察等待，在俯瞰市場中尋找獵物，當訊號出現時勇敢出手。老師將複雜的操作理論化繁為簡，從大方向的國際股市產業趨勢大盤走勢選股邏輯，不厭其煩引導我們這群學生，難能可貴的是，老師不會靠這些為己牟利，反而是大方分享學生，推廣他精心研究的操盤心法，有幸成為他的學生，也是此生福報之一。

我們一直期盼老師能出書，能鉅細靡彌將多年投資心法編輯成冊，如今呼之欲出，可說是投資人的福音，也是投資股市的寶典，相信讀過此書的讀者在茫茫大海的股市中，必能找出依循的方向，在每次的轉折的行情中，做出預期中的判斷，透過書中的投資技巧，反覆操作熟練，成為能獨立判斷的投資人，而不再是人云亦云，心無定見的無頭蒼蠅，大家共勉之～

學員林英豪見證

認識森山老師，是在 2009 年 ......。

那一年的台股，剛經歷金融海嘯的襲擊不久，投資大眾哀鴻遍野，就在大家驚魂未定之際，台股展開無稽之彈......。

那時的我，對技術分析略懂皮毛，喜歡追逐強勢股，勇於下大注！在 09 年牛市的環境下衝鋒陷陣，略有斬獲，於是我的胃口被自己養大，口味越來越重！今天買進，明天不飆，換股操作；今天買進，明天下跌，停損賣出！我在不知不覺中，陷入過度交易的麻煩而不自知，我就像沒有耐性的賭徒，喪失理智，每天瘋狂、盲目的追逐強勢股，（追漲停是需要考慮許多細節的）我的本金就在頻繁交易下，迅速萎縮 ......。

這樣的操作，其實存在許多問題，而這些問題，就在 88 水災時全面引爆，當時我所重押的股票，連續跳空跌停，身在災區的我，無水無電，連續幾天忙著重建家園，根本無暇也無法看盤，待回過神來，我的本金已從 300 萬剩下不到 90 萬，虧損了 7 成多 ......。那是我最灰暗的日子，我逃過了金融海嘯，卻避不了 88 水災的致命一擊！（88 水災成為壓倒我的最後一根稻草）就在最需要救贖的時候，我認識了森山老師，恩師的悉心指導，讓我對技術分析有更深一步的了解，我花了許多時間研習天機圖的奧秘，所幸上天眷顧，我幸運的搭上太陽能族群狂飆的列車，幾次成功的換股操作，終於讓我在 3 個月內逆轉勝，在 2009 年淨賺 21 萬，雖然我的年報酬率才 7%，遠遠落後大盤，但我仍心滿意足。

如今，新冠肺炎比 2003 年 SARS 更令人恐慌，它所造成的下殺力道，比起金融海嘯，更是不遑多讓，令全球投資人聞之色變，美股熔斷再熔斷，2020 年號稱史詩般的崩盤，註定載入歷史。然而就在 3/19 盤中，市場瀰漫悲觀的氣氛時，恩師說：「底部已現，他已進場炒底，資金全數 all in。」這需要多大的膽識啊？事後驗證，這一次的操作時機、策略，簡直就是完美！堪稱經典！令我佩服不已！

　　如果您是基本分析者，搭配天機圖操盤術，我相信您的資本會更有效率的增長；如果您是技術分析者，那麼天機圖操盤術將令您如虎添翼，在股票市場趨吉避凶。無論您的投資信仰為何？我祝福您，在天機圖操盤術的基礎下，建立屬於自己的操作系統，找尋到交易的聖杯。

學員顏君宸見證 ──────────────

　　十年前的一場金融海嘯，讓我與余老師結下這輩子『師生緣』。

　　股票市場最大特色就是『變』，行情每天千變萬化，我們永遠不知道明天會如何？唯有保持對大盤謙卑的態度，不預設立場，要尊重市場。以上是我這十年來的心得感想，心中的起伏也只有真正進入市場才能體會。

　　謝謝余老師把多年來的操盤技巧與精華無私奉獻，如：每天的盤前語音及 135 直播還有每週的天機圖上課，像是口訣：三 K 比較法，四手紅盤多空比較，股票要漲要有追價力等等。如同在教我們學功夫蹲馬步，教導我們這些小種子，也讓我們找到適合自己的投資方式。也是因緣俱足才能促成這本書的誕生，謝謝老師的用心良苦，謝謝甲骨文同學們的支持，也謝謝我的師生緣，希望透過這本書，讓大家能在這裡一起學習一起成長。

學員郭建良見證

　　首先恭喜老師股市天機圖操盤法一書終於問世，這本書是即使不了解股市的新手，也能快速掌握技術分析而好入門的一本書，精闢的見解能讓我們超前佈署，掌握先機，相信讀者在讀完此本書後，對股投資上更能得心應手。

學員施博議見證

　　余老師是我投資股市的啟蒙老師，上課的時候覺得余老師對股市的操作是游刃有餘，台股在他的眼裡是輕輕鬆鬆，一開始從格局來解釋大盤個股，沒有過多的指標，教導我們透過量跟價來分析主力的想法，從基本的K線、均線、大盤趨勢，來教我們如何切入買股破線離場，更能精準地分析股票的格局來判斷資金的配置。更教導老師自己獨創的波浪比較法、3K法來找尋主流股跟切入買賣，也告訴我們很多他編成的口頭禪，來讓我們容易記憶這些操作心法，老師講起股市來雖然很輕鬆，更吩咐我們要「避開風險才能增加利潤」，非常榮幸能幫老師寫序，希望大家都能從此書得到自己適合的操作方法。

　　　　　　　　　　　　　　　　　　　　　　　　祝大家平安順心

ⅰⅰⅰ 導讀：本書的閱讀方法

1. 閱讀此書之前，可能你需要有股市的交易經驗，對技術分析有一定的認識，因為此書不是基礎課程，而是針對無法獲利的廣泛投資人，指引一條成功的賺錢之路。

2. 此書也不是專研技術分析的書，因為筆者不是研究學者，而是股市戰場上的將軍，殺進殺出三十年，一點一滴累積的實戰經驗，告訴你那些技術分析勝率在 70% 以上，分享給投資人，更歡迎你加入「甲骨文證券研究社」，有直播教你如何將天機圖帶進到盤勢裡。

3. 對於一些理論與指標，筆者有不同觀點與思維，會提出批評與修正，就事論事，不是對這些前輩不敬或輕藐，沒有他們的啟發，就沒有今天的我，感恩他們。

   但是筆者還是要說出來新觀點與新思維。筆者現在是專業投資人，是靠這些技術從市場拿錢，年紀大了願意將這些「眉角」與諸位分享。盼望對你有幫助。

4. 重點筆記與公式，會在文字下面畫一條長線，讓你更容易抓住精髓。如：作多的基礎在追價力

5. 每一章都有技術分析勝率在 70% 以上的公式，可以個別操作，亦可合併使用。

   如何併用，看下去就知道組合拳的厲害。

6. 只要依照順序，一章一章讀下去就行，相關連動的解釋名詞會

用，請參考（pagexx），方便你更明白要表達的內容。

7. 配合文字說明，你也可以到甲骨文證券研究社網站：www.oracle123w.tw 上，流覽視頻輔助使用。要注意同一個招式，在高檔與低檔的勝率會不一樣。

8. 此書沒有廢話爛文充頁數，每一段文字都是多年操作，留下的心得結果，如果你交易經驗豐富，就能體會如獲至寶。知易行難，首先要把觀念思維作個轉變，這可沒那麼容易，或許你有不同想法意見，歡迎來信交換心得。

9. 出書的目的就在於對你能有所幫忙，長江後浪推前浪，期許青出於藍更勝於藍，股市掏金是人人夢想，懂得知行合一就能致富，祝福你。

第一章

天機圖操盤預約未來的財富

第一節　學習股市天機圖的理由

　　股市天機圖是筆者二十年來應用在股市的實戰辨證法，長期統計的方法，應用 2/8 法則的技術分析來買賣個股，是一生股票操作心血結晶，只選擇成功機率在 70%、80%、90%、100% 的技術分析。其他如上影線，型態學，震盪指標等模稜兩可的分析方法，一概不討論。堅信賭場信條……成功機率在 50% 以下者，通通都是莊家贏。當你選擇操作模式 A，成功機率在 90%，每次你都賺錢，自然下次你就敢重押，報酬率就會高。

　　股市只有贏家與輸家，如果方法對，五年十年早晚就能致富，如果只是打嘴砲，理論再強，再資深也沒用。

　　學習股市天機圖不是唯一，相信還有更佳的操盤方法，歡迎來信指教，討論，再創造一個技術上的高峰。

1.預約未來的財富──人生的金錢波浪理論

　　本書是學習如何在股市累積財富，從小資族靠著儲蓄投資股市成為千萬富翁，億萬富翁的方法？筆者是這樣一步一步走過來的，分享給大家，感恩。

我認識一位教授級的分析師，可是他在股市多年就是賺不到什麼錢，又認識一位投資人，身價上億，一分一毫都是從股市賺來的，卻發現他對技術分析知識了解勉強 60 分及格，怎麼會如此呢。原因很簡單，懂得越多往往左手會打右手，畏首畏尾，每天看盤反而小賺有份，大財沒份。能在股市賺大錢的，並不是技術分析高手，而是能將最重要的招式，貫徹到底而已。剛才說到那位投資人，喜歡在股市重挫進場，大量買進，選股就是選當下最熱門題材股，放幾個月，漲高了就獲利了結不戀棧，留一些給別人賺，也留一些給別人套。

利用 3-5 年，學習股市天機圖的方法，並儲蓄人生的第一個一百萬。

相信很多人跟筆者一樣，沒有富爸爸，富媽媽給我人生的第一桶金──100 萬，需要靠努力工作，儲蓄慢慢累積而來，這也剛好在年輕時訓練自己積極向上的精神，體會賺錢真的很不容易，要在年輕時犧牲玩樂，節省開支，多打幾份工，就為了完成計畫的第一步，人生的第一個一百萬。這是你成功的起點，只屬於你的基金，建議最好是沒人知道，被親人知道了很容易被劫走，計畫會半途而廢，預約未來 10 年的財富，等到此基金膨脹到 1000 萬，約 9 年以後時間，才來動用圓夢。

此基金就如同你創立一家公司，好好經營，每年成長 30%，複利成長 15 年後，基金就可累計到 5000 萬，在此期間你不會動不動就去拿公司的錢花，用經營的心態去操作股票，把格局放大，你才是真正的富人。

利用 3-5 年，努力學習股市天機圖的方法，裡面有許多方法，找出屬於自己的操作模式，畢竟自己最了解自己的個性，重點在於執行，多一分耕耘就多一份收穫，筆者反對存股，買一檔股票放十年，像台

積電漲十倍，這有點不勞而獲，倒像是中樂透，恭喜你福蔭庇應，可是大多數買彩券的都是「槓龜」。操作股票是智慧財，腦力激盪很辛苦的，更非是賭博輸贏靠老天，要十年的努力才行。簡單的說，要學習在一年之內，買進三檔股票能漲三成的，就成功了，有人說這很容易，有人認為不可能，只要去問一下，在股市打滾十年以上的投資人，他們才有資格發表過去的股海生涯，那到底成不成功，天機圖操盤法就是告訴你如何做到成功的方法。

第三章Ｋ線戰法中，四手紅盤這一招，後市少有股票不漲一倍的，是投資人不知道還是不去執行而已，有些是自己要去克服的心理障礙。

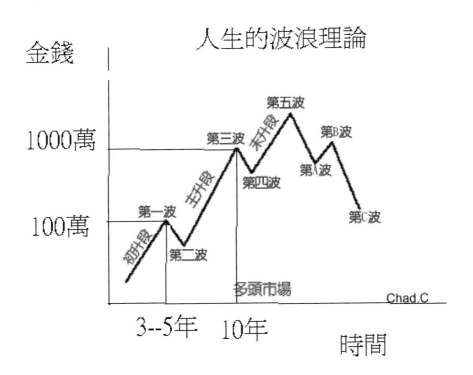

股市天機圖操盤法

2.利用 **3-5** 年時間，學習股市天機圖操盤的技術方法，找出屬於
　　自己個性的操盤模式，能創造投資報酬率 **30%** 的方法，也就是
　　說自己要在一年之內，買進三檔股票能漲三成的，就算成功，
　　如此複利循環 **9** 年，讓你財富從 **100** 萬變到 **1000** 萬。下圖是
　　倍數表，記錄你的基金成長與時間。

倍數表			
第 1 年	投資金額 100	乘 130%	年終餘額
			130
2	130	130%	169
3	169	130%	220
4	220	130%	286
5	286	130%	372
6	372	130%	484
7	484	130%	629
8	629	130%	818
第 9 年	818	130%	1063
10	1063	130%	1382
11	1382	130%	1797
12	1797	130%	2336
13	2336	130%	3037
14	3037	130%	3948
15	3948	130%	5132
16	5132	130%	6672
17	6672	130%	8674
第 18 年	8674	130%	11276

3.很多人去請教某某財經大師，能否再找下一檔台積電，10年內
可以漲八倍，筆者不相信，也不認為有人做的到，若是找到了
也不會把資金全押上。

　　但是上述的方法是人人可以做到的，10年的投報率又比台積電大，
資金一定是全押上，天機圖操盤就是教你要在一年之內，買進三檔股
票能漲三成的，如同買在 10 年前 50 元的台積電。

　　一家公司能經營連續幾年成長，已經非常了不起，公司的經理人
都無法保證確認可以成長 10 年，何況是分析師，更不是投資人該做
的事。

　　天機圖操盤確是可行，人人都可以找到的，找三家公司今年成長
三成，明年再換另外三家，就是這樣而已。因今年成長三成的公司，
明年很難再成長三成，就算可以，籌碼已亂，大家都上車了。

　　下圖是1325恆大　週線　半年漲10倍，如同買在10年前的台積電。

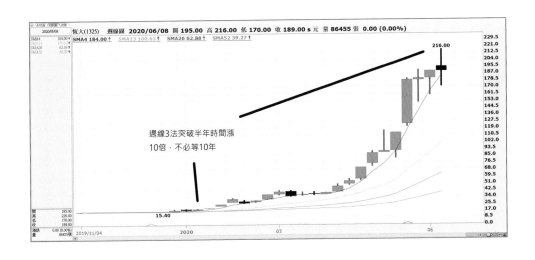

4. 此基金要經營 18 年，過程中會有風有雨，要學習如何避開風險，而實務上的操作會遇到一些問題：

A.如 100 萬累積三年到 220 萬，因家庭因素需要資金而計畫失敗。唯一解決的方法，就是不要讓任何人知道你有錢。

B.往往空頭一年的下跌，將前幾年的獲利回吐，主因在停損的不執行。

　　停損點說的很簡單，執行起來卻很困難，主因是在於自己的個性，對金錢價值觀不同，這不是對不對，懂不懂的問題，而是你必須學習在這 18 年漫長的戰爭裡，明白槍砲無情，一定會有損傷，若是你能把停損點當數字，以後執行起來就很輕鬆。順便告訴你，當你 70 元執行停損，當下你一定不開心，可是往後股票跌到 50 元，你反而如釋重負，讚賞自己的英明果決。

　　下圖是 4935　茂林　週線　跌破趨勢線後停損，後市必有更低點

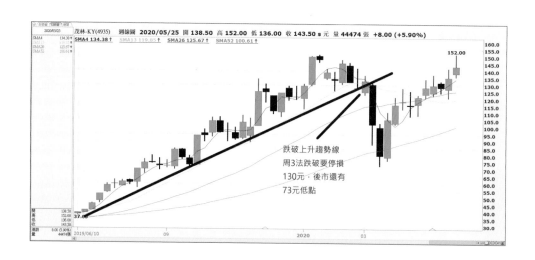

C.空頭轉多頭年獲利最大，會超過 30% 以上報酬率。重點在重押與長抱，要有駱駝耐熱耐久的精神，不預設立場，設定目標價。

　　有些學生很會念書，學天機圖很快就上手，可惜個性保守，賺 2 支漲停就賣掉，可惜往後一個月漲了一倍，原本很開心的模樣，會轉為生氣與咒罵，這就是人性，股市心理學的一部份。

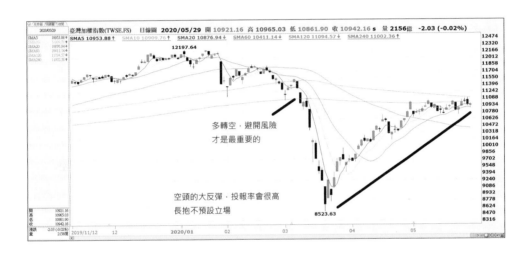

D.多盤？頭年只能小波段操作，積小勝為大勝，要短線進出，報酬率會低於 30%。

　　台積電一個月的震盪幅度有時不到 5%，如果一檔股票兩天就可以賺 5%，為何一定要堅持長線操作，重點是要放在投報率與勝算機率才對。

E.頭年要融券放空，資金大者放空不易，券源不足，可以放空期指代替融券。

F. 學習如何避開風險，每一年都會有兩次大跌波段，週 KD 會交叉向下，每次約下跌 500—1000 點。個股約下跌 20-30%，如果你能避開風險，你就是贏家。

第二節　股票操作成功的要素——一膽（人格特質）二錢三分析

如果你有技術分析基礎，天機圖三個月應可學會，但是你人生的第一桶金——100萬，要花你3到5年時間儲蓄而來，這也不難，最難的是你了解你自己嗎？

你的人格特質為何，有哪些優缺點，你能認清與面對嗎

人人都想賺大錢，同樣學天機圖，有人賺一成，有人賺一倍，為何？

答案就是你的膽識，人格特質。技術分析只能幫你到一定水平，要能融會貫通，選擇一條最適合的操作模式。

學習四隻動物的人格特質優點：

1. 鷹：銳利的眼光，研究基本分析懂找主流股的方法。

2. 豹：大無畏的精神，敢重押，快、狠、準、搶時間。

3. 駱駝：耐心、恆心和毅力，長抱的好處。

4. 小孩：最成功的操作人生，得失總在三分鐘。

你的個性是屬於哪一隻動物？

1. 你在選股時要有鷹的眼光。

很會找股票，基本面產業面強的人，但是目標多，反而持股過多。

2. 你在底部進場時要有豹的勇敢，快，狠，準，敢重押。

　　年輕人小資族要學習，看對看準就重押，設好停損就好。

3. 你在底部進場時要有駱駝耐心，毅力，長抱到停利點出現。

　　每天看盤的人，要學駱駝精神長抱是很難做到的，真正的大贏家都是抱出來的。

4. 你在停損時要學小孩的得失心，輸贏哭笑總在三分鐘。

　　得失心重是天性，沒有人來股市是來輸錢的，可是將軍在沙場，哪有不留血的，賠錢也要有代價，不要輸的不明不白。

　　大多數人都具有上述動物特質，只是偏重在哪一隻，如何調適就是一門學問，人人皆不同，更不是筆者說的算。

第三節　天機圖奧妙──請牢記此圖

1. 上漲一段中段整理，再上漲。（多頭市場）

2. 下跌一段中段反彈，再下跌。（空頭市場）

3. 技術面領先基本面 3-6 個月

　　股價在低檔，底部區的時候，大股東一定會知道明年公司會大成長，趁現在營收不好，股價在低檔時，慢慢吸貨，股價會慢慢漲。後來公司的員工發覺公司進貨多了，開始加班，供應商也忙碌起來，進場買股票的人也越來越多，股票越漲越快，這時業績開始好轉，但不會增加太多，等到月營收公布後，業績大好，市場開始追逐，法人也進場開始買了，股價漲不停，漲了一倍又一倍，季營收季季高的言論充滿整個市場，可是股價卻開始下跌，因為大戶在賣股票了，股價越跌，本益比越低，因為營收還在創新高，有人會告訴你拉回找買點，結果股價越跌越快，腰斬，跌深了應該要反彈止跌了，無奈月營收開始衰退，股價再次腰斬，下跌爆量當中伴隨著搶反彈，止跌無望，只能靜待量縮，時間整理。這些就是股市個股循環原型。

　　可以發現到技術面好轉領先基本面 3-6 個月，這就是天機圖的第一張圖，告訴我們技術分析最重要，占 80% 決定買賣。

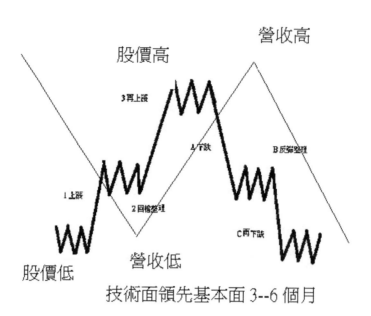

營收高

股價高

3 再上漲

A 下跌

B 反彈整理

1 上漲

2 回檔整理

C 再下跌

股價低

營收低

技術面領先基本面 3--6 個月

再舉一個例子，2327 國巨。

下面圖例告訴我們國巨股價在 2017 年 5 月時，100 元附近盤整許久，慢慢漲到 8 月 200 元，營收業績開始好轉，等到 2018 年 3 月時，股價急行軍來到 500 元，往後業績月月創新高，7 月每月 EPS=10 元，股價來到 1310 元，從此一路下滑，跌破天機圖的支撐區 H*0.7 位置，腰斬一路跌，可是 8 月.9 月業績還一路創新高，股價只剩 600 多元，就有分析師喊進本益比 6 倍的國巨可以長期投資，結果下場超慘，股價還是一路破底，因為 10 月營收開始大幅下滑，股價再次腰斬，最低來到 203 元才止跌。

這個真實上演的股價循環模式，還會不斷重複發生到其他股票上面，最重要的只有一件事，技術面領先基本面 3-6 個月，一定要牢牢記住。

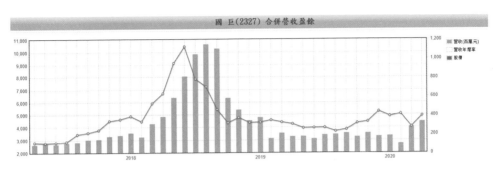

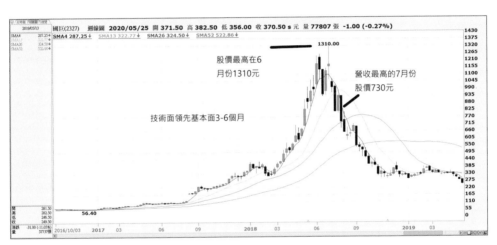

4. 股票的獲利是抱出來的

記住，大盤，股票在低檔就要長抱，大獲利一定是抱出來的，在高檔只能低持股作短線。這是很重要的守則。

股價 30 元買進，漲到 60 元漲一倍，一支漲停價 6 元，等同你 30 元買的一天賺二支漲停，當他漲到 120 元時。一支漲停價 12 元，等同你 30 元買的一天賺四支漲停，這是可怕的倍數觀念，也是期貨操作無法比的，操作期貨的目的在避險與下跌快速。

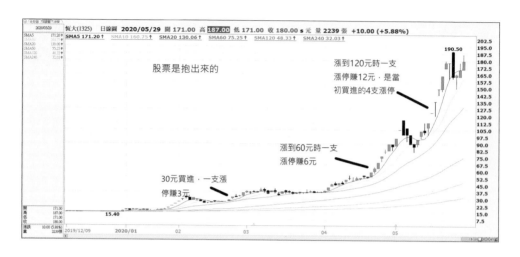

圖中文字標註：
- 股票是抱出來的
- 漲到120元時一支漲停賺12元，是當初買進的4支漲停
- 漲到60元時一支漲停賺6元
- 30元買進，一支漲停賺3元

5. 基本面領先技術面

當公佈月報，季報時，特別要注意股價反應，利多是否不漲，股價在高基期時，常會如此。

一般來說，量小基期不高的股票，當有財報成長利多時，都會反映大漲，要注意的是那些公佈財報佳的股票，低價，低本益比的，若是利多反應冷淡，股價不動如山，建議趁早換股操作，這就是「基本面領先技術面」。冷門股或是產業成長性不明的公司常如此表現。股價波動不大，買進後不上不下，浪費時間成本與機會成本。

第二章

股市天機圖內功心法

　　在進入技術分析教學前，筆者把股市交易中最重要的實戰經驗，整理出 33 條守則，一定要遵循，你越資深就越能感受每一條心法的威力。同時在甲骨文證券研究社（網站：www.oracle123w.tw），在網站裡的基礎課程中，有專題報告影音，來補充說明這些內功心法的觀念，思維與理論。

第一節　天機圖內功心法 33 條

1. 股市兩國論

　　台股有兩個股票交易市場，一個是加權指數（台北股市），有 800 多家中大型公司上市，是外資重倉，避險的市場，另一個是 OTC 櫃買指數，600 多家小型公司所組成，當外資用力大買股票，天天買超百億元，就要知道加權指數是資金所在，漲中大型股，不漲小型股，當月的期指交易外資想必是要拉高結算。若是外資小買小賣超大盤指數，資金自然流向 OTC 櫃買指數，漲小型股，這就是股市兩國論，每一波段要注意資金流向，**不然買錯市場，績效差很多**。

　　還有外資來台灣投資股市，有不同型態基金，以套利為主最多，

每天買賣好幾百億,是交易稅大戶,影響市場最巨大,當然他的動向是我們每天要追蹤的。還有很多人喜歡跟著外資買賣,我沒有意見,可是每次大盤指數的低點一定是外資賣的,高點是外資買,為什麼是這樣答案就是兩國論,外資每天買賣好幾百億,供獻那麼多的稅金給政府,公司裡最不缺的就是分析師,為何每次都會賣在低點,不,因為套利,期指壓低結算,才會賺的多。

那我們還跟著外資買賣嗎應該是跟著投信才對。

下圖是加權指數　日線　2020 年　外資連續大買或大賣都是為了期指結算。

其他的盤整時間,都是中小型股表現會比大盤強。

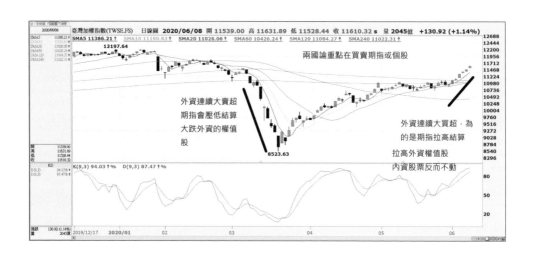

2. 股性

股票的個性,要長期觀察這支股票盤中的波動,作價模式,股本大小有影響,主力拉抬習性也不一樣,很多股票是不適合當沖的,要學習看出是大牛股,還是大戶的主力股,這個工作很辛苦,需要長時

間觀察與注意，一支股票你觀察久了，他要發動上漲，量能須要多少，你自然會有感覺，如同家裡自己的小孩，每天觀察，他想作什麼你會知道的。有些股性差不活潑，有些量太小有流動性問題，自然你也不會買他，這樣東扣西揀，市場可操作股票，適合自己的可能剩 500 檔可操作，例如銀行股，已經十幾年沒操作過了。每個人要找出適合自己喜愛的股性股票。不然茫茫股海，1600 檔，哪有辦法天天看，檔檔操作的嗎

現在看盤軟體裡，都有自選股功能，設定自己喜愛的個股或是熱門股，設定一百檔股票，足夠看的。只要每週新增一些熱門股，刪掉一些冷門股就可以，專注在技術面強勢的多頭股。

3. 倍數表

天機圖操盤，追求高勝率的績效，每年投入資金成長 30%，隔年再投入再成長 30%，以此累計，就形成倍數翻的績效，稱為倍數表。還有一種**倍數觀念**，是 20 元買進一檔股票，漲停板可賺 2 元，兩個月後漲到 40 元，漲了一倍，當他又漲停板時，可賺 4 元，等於你當時買進成本賺兩支漲停，若是再漲到 80 元時，等於你當時買進成本賺四支漲停，這真的很可怕，複利的力量，**關鍵點在於找對股票，長期持有**。

4. 停損執行力

停損點說的很簡單，執行起來卻很困難，主因是在於自己的個性，對金錢價值觀不同，這不是對不對，懂不懂的問題，而是必須學習在這 18 年漫長的戰爭裡，明白槍砲無情，一定會有損傷，若是能把停損點當數字，以後執行起來就很輕鬆。順便告訴你，當 70 元執行停損，

當下一定不開心，可是往後股票跌到 50 元，反而如釋重負，讚賞自己的英明果決。

可以從日線 3K 法跌破停損開始學起，長線投資人可用週線 3K 法跌破當停損點，當然還有其他的，往後章節再說明。

5. 跟著指數走

只要大盤指數走多頭，就一路作多，只要不跌破月線，就不可以放空，簡單說是順勢操作，這是紀律，也是命令。一般散戶是不會犯這個錯，反而是資深投資人與營業員，總認為空頭市場反彈，漲高了，本益比無限大，就該放空，這是錯的觀念。**市場要作多還是作空是在於追價力與追殺力的比較**，每天哪麼多股票漲停，你還在放空，股票漲了一倍又一倍，是需要多少資金拱上去，這些大資金的人絕對是聰明人，不是笨蛋，當你放空短線還可以，長線一定輸，再漲上去也沒券給你放，被軋空到股東會前或是除息前，強制回補才肯罷休，多頭作空，空頭作多，這是有問題的，不適合玩股票。

當大盤開始走入空頭市場，80% 的股票也會跟著走向空頭，當然還有 2 成股票逆勢走多，當指數越跌越快，那 2 成逆勢股，也會跟著轉向，僅剩走多的當然會有，那又何苦作多？

跟著指數操作，是跟著它的方向操作，不要當死多頭，我們不是股神無法在股市空頭時作多賺錢，懂得反向放空操作，才是正道。有一句話說，**股票作多賺得多，作空賺得快**。

下圖是 6452 康友 2018 年 當 OTC 走入空頭時，康友逆勢走多漲 5 成，到了 10 月大盤急殺，它反而崩盤 538 元，跌到 125 元止。

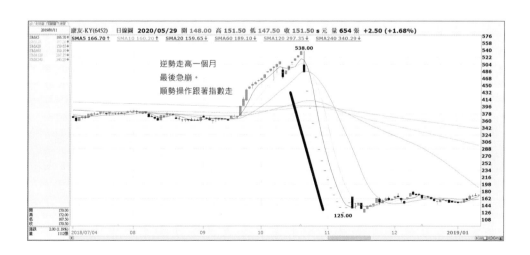

6. 波段操作重在題材豐富

　　波段長期操作的股票，他的上漲題材很重要，最好是公司相關報導能每周上報或是媒體電視，如新冠肺炎期間，防疫股天天上報，資金就能更聚集，漲幅就會很大。今年是 5G 通訊發展的第二年，人人都還沒有 5G 手機，這個產業題材仍有五年好光景，長線看多，要好好把握他的高成長性，報章雜誌，媒體電視都會圍著這題材作文章。千萬不要沉迷在低本益比，產業趨勢衰退的冷門股中。

　　短期生活中的題材，與股票也息息相關，當政府要發振興券時，包括餐飲觀光飯店股票一飛而上，這就是短期題材股。如 5G 手機，設備股就是長期題材，這些產品還沒有實現在生活中的，未來想像空間大的，形成夢幻泡泡就會越吹越大，股價長期走勢易漲難跌。等到你我人手一支 5G 手機時，就是這些泡泡被戳破時。原理就跟玩股票一樣，這家公司基本面好，你我人手一張，公車擠到爆，一失火人推人踩，股價可就慘了。股價上漲原理很簡單，不是基本面或技術面，而是大漲後你我手上都沒有股票，只能買進。每年的大飆股都是我們手中沒有的股票，只能買票上車，車子輕跑得快，等到利多見報，車上也擠滿了人，車子也跑不動，就等著趕人下車。所以技術面永遠領先基本面。

　　下圖是 4968　立積　日線 2019 年走勢。

　　5G 元年，最豐富的題材股，是華為 WI-FI 的前端射頻模組供應商，股價炒作半年，漲 5 倍，EPS=3 元，可見題材股每週上媒體的威力。

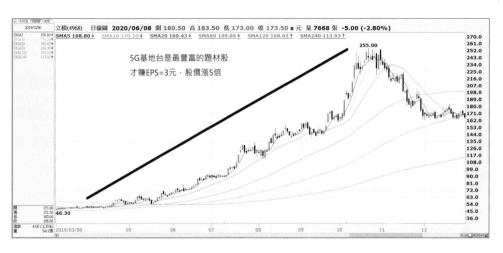

5G基地台是最豐富的題材股
才賺EPS＝3元，股價漲5倍

7.拒絕未符合條件的旨令

這裡的條件，指的是**技術面的條件，非基本面，**有分析師常說股價跌到本益比 10 倍位置，就是買點，可是同樣本益比 10 倍的股票有 2，3 百檔，為何要買這一檔，我的條件很簡單，**技術面 3K 法突破，再加上當天漲幅大於 5%**，就可以買進，諸位可以試試，這個技術面的條件，勝率 70%。

8.技術面領先基本面 3-6 個月

天機圖第一圖，前章已經說明。

9.你在玩股票，還是股票在玩你，你也可以選擇觀望休息

老天爺好像喜歡開玩笑，當買進股票後就開始跌，賣出股票後又漲回去，追高殺低，代表應該要觀望休息，沉澱後重新再來吧。簡單說，人人都會有操作不順的時候，那就選擇觀望休息，不要硬做，不然只會越虧越多。

10.你不一定要每天打仗，但要常常打勝仗。

有人天天當沖，如果勝率是 7 成以上，那就恭喜，繼續沖吧。

如果有時賺有時賠，勝率是 5 成以下，最終還是要放棄無本當沖，金山銀山有一天會被沖光光，因為「無本」違反天理，「無本」若能致富，台灣還有人要工作嗎去問問證券商裡的營業員，天天當沖的下場是不是很慘，會搞到家破人亡，當然我相信有人功夫了得，勝率很高，這可是他多年實戰得來的經驗，非一朝一夕可成。要當沖，必須是股市高手。

有人說，天天小賠沒關係，只要一次大賺就好。大賺小賠，股市常說的一句話。筆者想法是，這就好像跟敵軍對戰，一個人都打不贏，說要當大將軍消滅敵軍整個軍團，離實務好像差很多。不過我建議新進股市投資人，要養成買賣記錄檢討的習慣，明白為何而輸，為何而賺，只賺一支漲停，後面還有五支漲停，並不是賺錢就好，要去明白是如何賺得，而是去修正每一筆買賣技巧。這樣才可以功力大增。

當沖會上癮，跟賭博一樣，為沖而沖，眼光會越來越窄，股票放不長，想要大賺，可能嗎？

11.當沖的目的在避險，短線交易的目的在 costdown 降低成本

作股票就是要單股操作，大波段抱牢持有，所以股票不會天天漲，有時漲多了，短線可以賣一趟，拉回再行買回，可降低成本，若是你工作忙碌，可以連短線價差也不要作，設好停利點，一路抱到底。

當沖也是如此，買進當天若是遇見殺盤，可在盤中先當沖掉，待拉回可買更低價位，一方面避險，一方面降低成本，這才是當沖的目的。

12.作多的基礎在追價力

股票那麼多，為何要選這一檔，就是因為它有追價力，不是一日行情，要找有連續追價力的股票，這是當下最強的股票。但是追高會有風險，只要能控制好停損就可以進場。追價力是慣性，因為有特定人在裡面。當大盤重挫時，這些股票反而抗跌，原因很簡單，特定人持股太多，會特別照顧它，跌下去還得了，會出大亂的。

有一派人士，鼓勵逢低佈局，不追價任何股票，去買一些低本益比，盤整沒量的股票，會發現大盤漲，你的股票小漲，大盤盤整，你的跌回來，繼續盤整睡覺，這是時間成本，要有耐心等很久，等到股票輪漲到這檔時，有追價力時，我再回頭來買這檔股票就好，成本會比較高，但是時間成本與機會成本，哪一個重要。我的字典沒有逢低佈局這四個字，只有作多的基礎在追價力。

你想想 1600 檔股票，大家都在搶資金，主力都還要登報出利多，為的就是吸睛搶資金，逢低佈局冷門股，KD 值就是多空循環，大盤漲

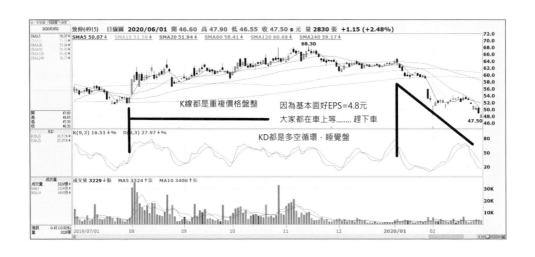

時你不漲，下跌時一定有你的份，因為搶不到資金才會「下跌」量縮，不要等待冷門股會上漲，本益比 10 倍的股票一堆，何月何時才會輪到你的股票上漲？

下面這一檔 4915 致伸是 2019 年分析師常推薦的一檔股票，基本面 EPS=4.8 元股價 65 元，本益比 13 倍，價值被低估，真是如此嗎？

在多頭市場時，千萬不要浪費行情，把資金停在睡覺的股票，除非是存股，找一些有追價力的股票，隨便一檔漲幅都比睡覺的股票還大。

13.四隻動物——人格特質

可參考上一章說明。

14.不要當散戶

對，我們都是散戶，但是要**買大戶的股票**，因為他的錢，資訊會比較多，他的人脈比較廣，千萬不要自己封閉在家只研究基本面，多看看外面的訊息，多接觸營業員，研究員，聽聽投顧老師怎麼說。

筆者最喜歡買主力股，因為自己是散戶，想要有錢就要買大戶的股票。

15.工欲善其事，必先利其器

人在外面無法看盤，當然用手機看報價，在家裡就要使用電腦，甚至買專業軟體來進行分析，有空就上網學習產業趨勢，增加新知識，天下沒有不勞而獲的，作股票是知識經濟，不是賭博。如果一支手機就能賺大錢，那台灣人人有手機，人人都可玩股票。現在電腦有一機四螢幕，連換頁都不用，感嘆民國70幾年，都還要用方格紙來畫K線。時代在變，股市中資深無用，不學習新知一樣被討汰，股市不論年齡，學位，高矮胖瘦，只論操盤方法對不對，只論贏家與輸家。

16.三顆子彈

資金三分法，如果你投入股市資金沒超過千萬的話，建議你持股三檔股票就好，最多也不要超過五檔，因為會漲的股票一檔就夠了。越是有錢的大戶股票就越少。

大盤指數在低檔，資金與持股就要越大，因為時間與空間對你有

利，大盤指數在高檔，資金與持股就要越小，風險自然就小，因為時間與空間對你有不利，當然人人資金不同，想法不同，對股市大盤看法也不同。大盤指數在高檔，你還要 All-in，我沒意見，請你選擇勝率在 90% 的技術分析。

17.3D 操作法

指的是股價，時間，和自己的資金投入比重，想要大賺就要重押，股價上漲和耐心持有這三樣，缺一不可。請你拿出三個月前的對帳單，打開電腦，查看過去每一筆交易，再看看現在的股價，修正一下自己買賣與賺賠是如何處理的，保證你的操盤功力一定會大大提升。

18.不要用分析的角度操盤，要以操盤的角度分析，不要預設立場

到現在我都還犯這個錯誤，記得在 109 年 2 月新冠肺炎爆發時，大盤連續兩次測試年線 11000 時，去搶短嘗到甜頭，第三次來又去搶短且加大持股，當時追殺力很兇，美國疫情越來越嚴峻，但是我預設立場分析年線一定有守，結果在 10600 附近停損掉，白忙一場。

若是以操盤的角度分析，等到刀子掉到地上，碰一聲，再來撿就好，這樣不是很輕鬆。在股市擦傷賠錢不可免，但一定要檢討錯誤的地方，改正過來，如此這筆賠錢單，賠的相當有義意。

19.你追不追漲停？

　　作多的基礎在追價力，最強的追價力是漲停板，而且還是連續漲停，可能買不到，當股價乖離大漲停打開後，要分批進場，特別是底部起漲時，要勇敢追價，我知道很多投資人不敢玩這個，結果是數個月過後股價漲了一倍又一倍，以天機圖來看現在雖然漲很高，長線還是底部區。若是想賺飆股，就要「敢」去追漲停。

　　買到漲停板，明天還有高點的機率是 70%，不要以為他很危險，<u>**只是你不習慣而已。**</u>

20.股票不分好壞，只分前後

　　這是說明股票的輪漲性，大盤多頭起漲時，聰明資金會往成長性強，股價被低估的股票先漲，等到這些漲幅大了，賣壓越來越重，資金就會流往股價被低估的冷門股去，稱為補漲股。所以說股票不分好壞，只分時間差別前後上漲而已。

21.富人的單股操作

　　有錢人操作股票，往往只有一兩檔，如何從底部區持有到高檔區，這是們學問，也是通往財富的操作行為，不是那麼容易，大多數的人都常常換股，當你選對股，股價大漲，又是重押單股，你就是贏家，早晚會成為富人。

22.買慣性和速度，而不是股名

很多人習慣去買自己熟悉的公司股票，這是對的，這檔股票今年業績好，股價漲一倍，那明年還會再漲嗎？今年高成長，明年還會嗎？股價漲高了，籌碼混亂，還會再漲嗎？買股票不是去買自己熟悉的公司，而是去買有追價力的股票，再來研究這家公司。

越是熟悉的公司，車上的人越多，如果股價不動，代表前波套牢的人在等解套，會不斷放利多來吸引你進場，如果股價還是漲不起來，就要去思考是不是有人在下車，供應籌碼。

23.只要能避開風險，就一定能創造獲利

長期投資往往避不開風險，因為不看盤，等到發現股價有異狀，已經跌三成了，我贊成大波段操作，不贊成存股式的長期投資，原因是今年的強勢股未必是明年的強股，台股每三，五年會大崩一次，放太長反而績效不好。控制持股比重是最好的方法，再來就是擅設停利點，停損點。

24.只要方法正確，遲早都會成功

天機圖操盤法是最好的學習方法，可以打通你的股票操作任督二脈，搞懂了，遲早都會成功。不管你是新進還是資深，掌握住操盤方法，三五年就會發達。

25. 要在熱門股中討飯吃，不要在冷門股中睡大覺

操作冷門股雖然買的成本會比較低，可是浪費時間成本與機會成本，操作股票是時機錢，過了這個時間，再來買就錯了。

26. 技術面被破壞，再好的基本面也只是麻醉藥

技術面走空，代表上檔賣壓沉重，套牢者眾多，如果不賣只會越走越低，如果是基本面好而持有不賣，那誰去拉抬讓上檔的人解套，基本面這個東西是自己的認定與解讀，不代表其他的人想法都一樣，等到股價腰斬，所有的基本面都破滅。不信？可以試看看！

27. 忽視整體股市狀況，只著眼於單一股票

散戶很習慣只看自己的股票，不看其它的如大盤走勢，類股族群漲跌狀況等等訊息，這很危險。大盤走入空頭，雖然你的股票還是很強勢，但是這能撐多久？小心補跌。

28. 持股太雜，必輸無疑

統計結果持股超過 8 檔以上的人，70% 都是輸家。會發現持股多的人，有一半都是套牢，再買其他的股票來攤平，結果是越攤越貧。這不能怪投資人，因為沒把握股票會上漲，買多檔來一定會有上漲的，可是當大盤重挫時，該怎麼賣啊？要賣都來不及。

29.長短不分，白忙一場

操作上抱股長線或是短線，哪一個賺的多，這是很難論定的，基本上大盤指數在高檔，短線為宜，大盤指數在低檔，一定要長抱。

筆者在股市 30 年，見過所有賺大錢的，都有兩個共同特性，重押與長抱。有時做到其中之一就可以賺大錢了。前提是大盤指數一定要在低基期。

30.買賣對作理論，買低賣高

股價在漲時，站在賣方，因為成交量放大，很容易賣的。
股價在跌時，站在買方，因為可以買到低的價位。
強勢股可以在分時線走弱時買進，弱勢股可以在分時線反彈時賣出。
強勢股拉回到 10 日線，月線買進，弱勢股反彈賣出。

31.趨勢不容易改變，一旦改變，短期不容易再改變

趨勢的力量有如航空母艦，要轉彎換個反向沒哪麼容易，有時一波多頭時間長達 288 天，一年以上，所以作股票不要小鼻子小眼睛，大行情來時不可提早下車，避免錯失機會。

32.賺錢才加碼賠錢不攤平

在底部區時往往是空頭市場尾端，信心很薄弱，可以先買 1/3，等

賺錢了再加碼。這是最安全的方法。特別是在底部區不敢重押的投資人，先賺錢再加碼，也是一種控制風險的方法，人格特質是固定的，不是對錯的問題，找出屬於自己個性的操盤模式才是正解，別人成功的方法，我們可以參考。不一定完全拷貝，好像我閱讀了郭台銘的書，再怎麼努力，一輩子也成不了郭台銘，這是一樣的道理。

好多次演講中，問投資人一個問題，如果有一支股票，我保證它100% 會上漲，你要買幾成資金，很有人回答 1 成，3 成，5 成，全押都有，這代表會不會成為富人，跟當事者的個性息息相關。

天機圖操盤法就是告訴你，技術分析上的勝率，你的執行力決定你的一切。要不要做，如何執行，需要一步一腳印，一點一滴累積經驗與戰果。

筆者年輕時，曾經跟朋友打賭，100 萬一年要賺 100 萬，一倍。結果只花 5 個半月就達標，怎麼做到的，書裡面有答案。

33. 山頂上玩有誰能贏，底部進場不贏也難

這是一位分析師的名言，很有道理，重點在底部區重押，長抱，高檔區降低持股，短線進出，等待大盤反轉，反向融券放空。

在前面文章裡，筆者有提到一位身價上億的投資人，他只使用這一招，「底部區重押，長抱」，他沒有常常看盤，很有耐心等待下跌，等待上漲而已，沒有人規定越懂股票的人就賺的多，期待諸位青出於藍更勝於藍。

第三章

Ｋ線戰法：選股，買賣與比較

現在的 Ｋ 線形成，源於日本德川幕府時代，一位出生羽國酒田港，相當於現在的山形縣酒田市，一位名叫，（1716--1803）本間宗酒（Munehisa Homma），交易稻米市場，發明出來的一種記錄價格方法，因此創造巨富，市場稱此方法為「酒田戰法」，是現在 Ｋ 線的原型。書店裡有關 Ｋ 線的書很多，你可以了解看看，但不要去鑽牛角尖，現在開始進入技術分析領域，沒有提到的就是不重要，如十字線、紡錘線、上下影線…. 等，參考知道就好，重要的是我靠下列這些勝率 70% 技術分析，幫我賺進大把鈔票，所以有很深的體驗，開始吧！ GO ！

Ｋ 線可以單獨使用，只有長紅線（漲停）與長黑線（跌停），跳空漲跌停勝率超過 70%，其他的單獨 Ｋ 線，意義不大，必須要**連續性 Ｋ 線形成趨勢才有方向性**，因為長紅線（漲停），代表追價力強，很多人追價搶進，而且越快漲停越好，代表明天還有高點，甚至還有一大波行情在後面。

Ｋ 線戰法的功能有選股，買賣與比較，這三項非常重要，一定要學會。

第一節　K線戰法：四步驟——勝率 90%

1.四手紅盤

　　股價由空頭市場大浪 C 波中開始大漲，站上季線與年線。格局由 C—1 時，個股或是指數會以極強力道上漲，產生四手紅盤現象。這是漲勢確定的訊號，要大量買進而且長抱持股。

　　四手紅盤只是一個名詞，代表的是追價力強，有主力大戶連四天買進，讓前面套牢的人解套，真是佛心來的，如果你高興就這樣把股票賣了，以後可是會氣到跺腳，因為行情才剛剛開始，往後會有倍數行情。

　　四手紅盤只是觀念，所代表的是極強的追價力，主力強力買進，是因為他知道些什麼，看到往後的產業面基本面，才不計價的瘋狂買進，這才是真正第一手基本面，而不是在落後股價一個月的月報表與三個月的季報表，那是財務面。

　　四手紅盤，三手紅盤，兩手紅盤都可以，代表著後市漲勢可期，你可不能等待拉回應該立即買進，如果你怕追高的話，可以先買一半，等待整理時再加碼，每年漲倍數的股票不多，今年要大賺就靠它。每年四手紅盤的股票往往你不熟悉，我們買的是慣性和速度，而不是股名。就是因為不熟悉，手上都沒有持股，只能買進，股價才會大漲。

　　前言說的四手紅盤是在空頭市場 C 波中開始大漲，若是在大浪多頭市場 2-3 波也是如此，但是要注意大盤位置高低，若是在高檔的話，往後漲升幅度與空間，沒有在空頭時介入來的大。

　　高檔的四手紅盤要注意，往往相伴的量滾量上漲，那時月報表業

績已公告，好到爆表，吸引多方資金去搶進，這時反而要注意主力是否出貨，量大好出貨，是不變的定律，只要使用 3K 法，擅設停利點就可以。

四手紅盤首重追價力，所以我在內功心法裡面才說，<u>作多的基礎在追價力</u>。有些股票被大盤帶動，股價連漲四天，但是漲幅過小，還抵不過前面的一根大長黑 K 線，這有如一位黑巨人，重拳打趴紅小孩，現在黑巨人不還手，讓紅小孩連打四天，還打不趴，這當然還是空方黑巨人勝。這就是 K 線的另<u>一個功用，「比較」，用時間的 K 線來比較強弱</u>。

很多人都不敢去追價，請你找一下在低檔四手紅盤的股票，哪一檔沒大漲的，就能夠明白主力股的奧妙，技術面他會幫你守，基本面他更厲害，領先 3 個月前就知道這檔股票是大成長股。

下圖 2390 云辰（日）　101 年 12 月　10 元漲到 21 元。

　　四手紅盤只是一個名詞，三手紅 K 線也可以，重點是追價力，代表主力拉高進貨，他願意拉高讓套牢者解套，多佛心啊！結果是漲了一倍又一倍，**四手紅盤小型股拉高 30% 漲幅，大型股拉高兩成，就代表追價力強**。

　　下圖是　3661 世芯　日線　三手紅 K 線也是漲一倍。

　　如下圖 6426 統新　日線　2020 年　四手黑盤，跌勢確定，使用在大盤指數走 ABC 法則時，如下圖 6426 統新。

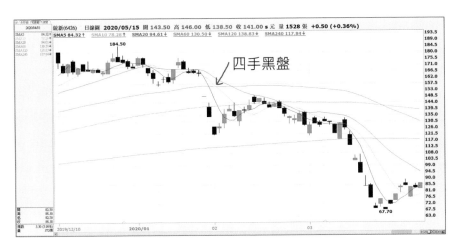

2.失敗型四手紅盤

　　四手紅盤的真諦是主力拉高進貨，股價拉高 30% 讓前波的人解套，充滿著追價力，若是在低檔將是可怕的一波漲幅。

　　失敗型四手紅盤，只是有四根紅 K 線，漲幅不大，但是仍過不了前波的大黑 K 棒，股價仍是會漲，還是會受制於 L*1.3 位置的反壓，下圖是 4133 亞諾法　日線　2019 年失敗型四手紅盤。

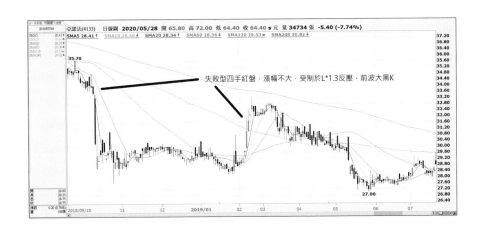

3.高檔四手紅盤要小心

　　股價從低檔四手紅盤開始上漲，是低風險區，主力進完貨開始拉抬，此時基本面還在低基期，本益比高的嚇人，漲了一倍後籌碼亂，需要做空間波與時間破的修正，等到走主升段，題材利多出現，股價飆漲，投顧散戶蜂湧而至，就會出現高檔四手紅盤，這時就要特別小心，主力成本低，隨時都可以出貨，最怕就是壓低出貨，四手黑盤，死無葬身之地。一般這類股票都是建立在題材面而無實質獲利公司。

　　只要主力出貨不順就還會繼續拉抬。

　　下圖是 3034 榮群　日線　2020 年末升段四手紅盤，主力壓低出貨，四手黑盤。

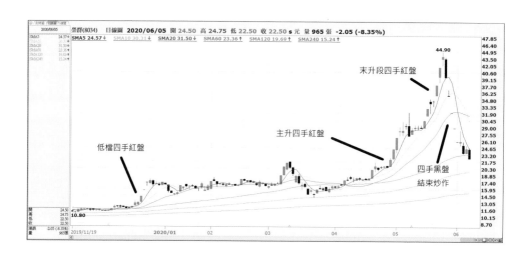

第二節　跳空缺口：利用「缺口理論」來論戰Ｋ線趨勢

缺口理論

　　所謂缺口，就是一段沒有交易的價格區間的Ｋ線。而形成這種無交易的價格區段的原因有很多種，有些是市場環境因素，有些則與市場的買賣強弱度有關。而後者具有重要的意涵，為討論的重點。一般而言，可將缺口分為普通缺口、突破缺口、逃逸缺口及竭盡缺口四大類，其中普通缺口及突破缺口與價格型態有關，而逃逸缺口及竭盡缺口則與價格趨勢的長短有關。而就趨勢的走勢過程而言，突破缺口為走勢的起點，逃逸缺口顯示趨勢的持續性，而竭盡缺口則代表了趨勢的停頓或結束。

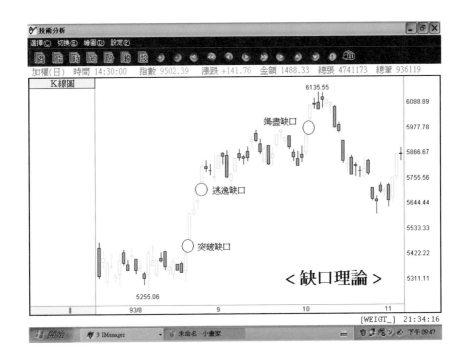

突破缺口

通常發生在一段價格整理區之後，當價格在交易密集區完成整理，並發生突破 K 線時，常以缺口型態顯現出來，這種缺口便是突破缺口。突破缺口發生的原因，主要是在一段長時間的價格整理時，頸線附近的價位在整理期間不斷的出現賣壓，而在多頭力道前仆後繼的持續將賣壓消化。終於在某一時點，頸線附近的賣壓被消化完畢，於是價格便在需求力道推進下，向上跳空，形成缺口。由於價格以跳空的方式突破頸線，因此這缺口便稱為突破缺口。

因此，由突破缺口形成的原因可知，突破缺口 K 線具有十分重要的價格訊號。突破缺口使得價格正式突破頸線，如果這個突破伴隨著大量，則可以確認這個突破是一個有效的破突，為強烈的買進訊號。

由於突破缺口是一個價格將展開一段趨勢的訊號，因此，伴隨著大量的突破缺口，通常不會在短時間內被填補，這是因為帶量的跳空突破，其強度已較一般帶量突破表現出更為強烈的訊息了，因此不太可能發生缺口被填補的這種技術性弱勢格局情況。（**所謂三天不補空三個月才補**）在一段整理區後，發生爆量的向上跳空突破時，此時表示趨勢明顯向上。為強烈買進訊號。

以突破缺口 K 線的方式來突破頸線，而判斷是否是有效突破，成交量仍是一個重要的條件。

下圖是　2454 聯發科　2020 年跳空缺口不補走勢。

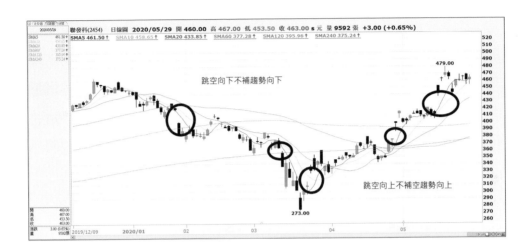

逃逸缺口

　　主要發生在價格趨勢出現大漲過後的走勢中，如此才足以吸引一批換手量。所以當第一個逃逸缺口出現時，大致便可衡量出整個趨勢的長度，缺口代表著趨勢只進行了一半的意涵。在一段上升的走勢中，逃逸缺口可能出現二、三個，這代表著市場的激情可能使行情延伸更大，則趨勢中點的衡量可以用第一個及第二個缺口的中點來當作趨勢走勢的中點。

　　逃逸缺口不易被填補，因為它多是發生在走勢順暢的時候。所以當一個缺口在幾天內便被填補，則應懷疑其為竭盡缺口而非逃逸缺口。一般人很容易將竭盡缺口誤認為逃逸缺口，而誤判行情。

竭盡缺口

是代表一個漲升走勢的末端，趨勢力道衰竭的象徵。遭遇反壓或是籌碼開始凌亂，當沖橫行伴隨著大的成交量。竭盡缺口的跳空，三天內就被填補，如果發生無後繼之力，走勢為之停頓時，則顯示這個缺口是市場的最後一道力量，之後市場已無動能再維持原有的趨勢了。因此最後這道將市場動能全部耗盡的缺口，所顯示出來的意涵便暗示了市場的力道將可能出現竭盡態勢，進入整理或反轉的可能性大增。

竭盡缺口如同逃逸缺口，亦是發生在快速的漲勢中。但竭盡缺口則是由盛而衰的表徵。不過，在快速的漲勢或跌勢中，必須去分辨竭盡缺口或是逃逸缺口。由於快速走勢的第一個缺口一定是逃逸缺口，因此最簡單的方法便是，以逃逸缺口的發生位置當作走勢的中點，來計算整個趨勢的長度，從而便可判斷該處所發生的缺口是不是竭盡缺口。

另一個判斷的方法則是成交量，如果當天爆出不尋常的巨量（成交量周轉率 20%），則很可能是一個竭盡缺口。

竭盡缺口不代表反轉訊號，但竭盡缺口的發生，代表原來的走勢將被中止。這時候應該暫時出場觀望，因為後續有反轉的可能。再用更簡單的方法移動平均線月線 MA20，不可以被跌破。一跌破就要退出觀望。

請參考上圖缺口理論。

補缺口理論

多方漲完該空方出擊，會將多方過去的跳空缺口，一一攻陷回補

缺口，這是目標，需要分階段性的補空缺口，大都不會一次補完所有缺口。

　　下圖是 8034　榮群　日線　空方出擊，一次補完多方所有跳空缺口。

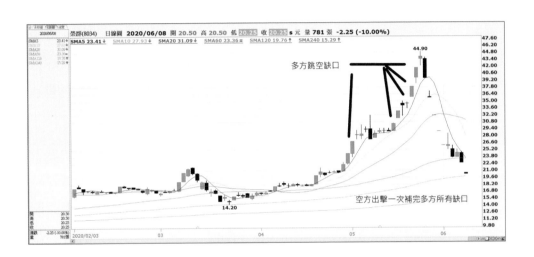

第三節　K線多空比較法：買進時機

　　四手紅盤漲高後股價拉回，稱為 **K 線多空比較**，拉回時間約 3-5 天，幅度約 10 － 15% 震幅，不可跌破最後兩根紅 K 線，回測移動平均線 MA10。簡單說股價拉高需要作時間波修正，拉回頂多 10-15%，投資人可在 K 線多空比較時，切入找買點，這是上車的機會，有拉回不要怕，要勇敢做多，更要把眼光放遠，沒爆量都很安全。後面有巨人（主力）保護你。

　　四手紅盤股並不多，不是常常可以發現，但是平均每個月都會有一檔以上。把握機會吧。

　　下圖為 K 線多空比較。

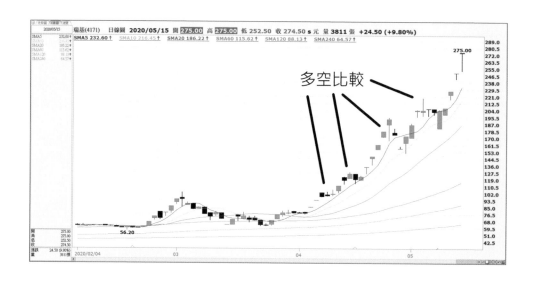

下圖是 3661 世芯　日線　行進間多空比較，沿 MA10 上漲。

第四節　3K 法（3K 買賣法）

　　股價突破 3 天來 K 線的高點就是 3K 法買點，股價若是跌破 3 天來 K 線低點就是 3K 法賣點。

　　當大盤指數 3K 法突破時，有好幾百檔也同時 3K 突破，哪到底要買哪一檔，我們在加上第二條件：（要有追價力）

　　日線 3K 法當日突破，加上當日漲幅 5% 以上個股買進，（勝率70%）不管是要當沖還是隔日沖，甚至有波段行情都是從這裡開始。（這個公式每日盤勢裡都可以找到好幾檔股票）

　　日線操作是短線轉折買賣點，目的在降低成本，重點在執行，是針對職業投資人而言，日線 3K 法跌破賣出，在移動平均線 MA10 或 MA20 月線買回，還是大波段操作，週線 3K 法沒跌破前，都要持有，這是長線抱牢的單股操作。

　　下圖是 4968　立積　日線　3K 買賣法。

上班族或是長線投資人可用週線 3K 法操作。但是買賣點，要依日線操作成本才會低。

下圖是週線 3K 法買賣法。4935 茂林　在 2019 年 6 月 17 日買進，成本約 40 元，一路上漲，持股抱牢到 2020 年 2 月 24 日賣出，約 130 元，獲利 90 元，2.2 倍。

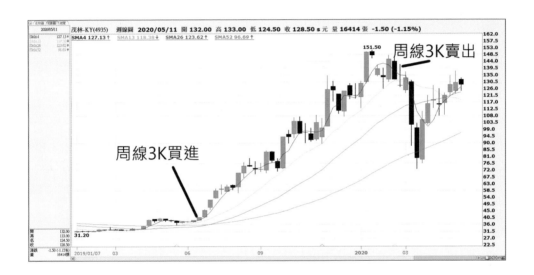

日線 3K 法可以按表操作，看長作短。

下圖是 6683 雍智　日線　2019 － 2020 年　日線 3K 法買賣點

　　筆者在年輕的時候，小資族，身上只有20萬，每天就使用這一招，不到一年時間就累積百萬資金，低風險高利潤。

　　哪一招：**當天強勢，日，週線 3 法同時突破，資金全部買進，只買一檔。**

　　勝率90%，買進價位在股票漲 5% 時，到漲停板都可以買，10 點前必須漲停鎖死。隔天持續強勢就續抱，盤中漲幅沒大於 5% 或是轉弱到平盤附近就賣。這要限定有看盤的投資人，上班族不適合，風險無法管控。

　　下圖是 3217 優群　日週線　3K 法同日突破，重押。

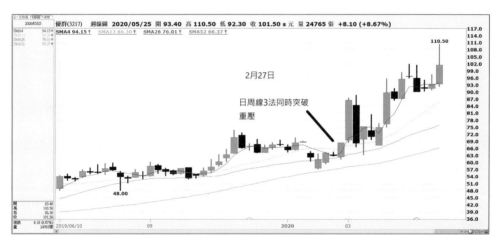

　　月k線代表巨浪，一年那麼長時間才 12 根 K 線，不適合來作為買賣依據，但參考性很重要。特別是 A 波和 C 波。

1. 高檔連續三手或四手紅盤易見高點，低檔連續三手或四手黑盤易見低點。
   下圖是 8034 榮群　日線　高檔四手紅盤最怕四手黑盤。

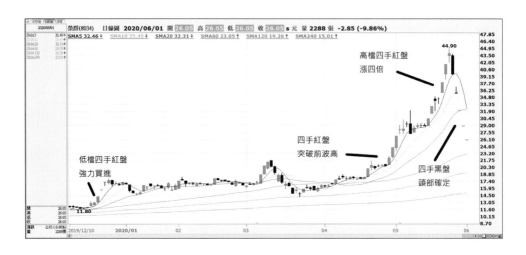

1. **大盤指數拉回 20—30%，是標準的止跌區，約 10 年線附近，是重複價格區，應該勇敢買進。**

2. 月 K 線底部區易盤底，（KD 多空循環時），主因是產業經濟的衰退，頭部區易反轉，（D 值在 80 時），主因在突發利空事件，導致拉回 3-5 個月。

下圖是加權月線 10 年走勢。

第五節　60分k線

筆者單股操作，喜歡用 60 分 k 線進場與出場，作價差也是。

上述所說的是 K 線戰法的選股與買賣功能，「比較的功能」，留在後章節「波浪選股法」裡一併說明，這功用非常的重要。

60 分鐘或是 10 分線 3K 法可使用在個股的短線交易上，需配合移動平均線一起使用更好，本章節先說明 **60 分 K 線買賣法**，而 10 分線 3K 法與期貨操作連動強，在下回移動平均線章節裡再一併說明。

60 分 K 線買賣法：可當沖，可避險，可短線降低成本。

60 分時線移動平均線，參數設定：6 條線。

MA6，MA12，MA24，MA72，MA144，MA288 **互為壓力和支撐**。

買進訊號，站上 MA24+3K 法突破。

賣出訊號，跌破 MA24+3K 法跌破。

使用此法要設定好要操作或當沖股票在自選股裡。**約有 60 檔**，日線拉回 5-8 天時，就要注意 60 分 3K 法突破。

下圖是 3680 家登　60 分線。

下圖是　6538 倉和　60 分線　短線買賣點，MA24 是支撐。

下圖是 3034 榮群 60 分線　短線買賣點，MA24 是支撐（飆股模式）。

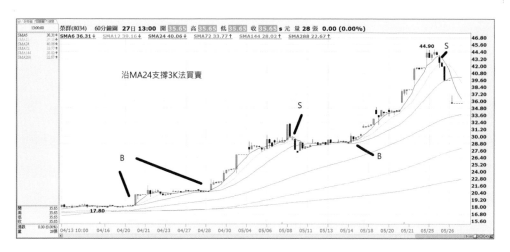

第六節　主要型態 K 線

　　單一 K 線表現強弱，若是把數根 K 線以上集合起來，稱為連續 K 線。再把連續 K 線延伸數個月，或更長久，就會形成趨勢方向，形成**型態 K 線**。可以表達趨勢方向，也可以預測滿足點。天機圖操盤法裡除趨勢線外，其他沒有使用到**型態 K 線**，因為時間因素，勝率只有 50%，而把趨勢線單獨提出來討論，他的勝率最高 90%，但是技術分析裡，常常都會聽到型態學，所以還是要知道如何運用。

　　技術圖形主要可分為十四種型態 K 線：

　　上升趨勢線，下降趨勢線，倒 V 型反轉，V 型反轉，頭肩頂，雙重頂（M 頭），三重頂，圓形頂，頭肩底，雙重底，三重底，圓形底，上升旗形，下降旗形。

1.上升趨勢線

　　上升趨勢線又可稱為「支撐線」，隨著走勢波動線形成頭部與底部。當走勢持續大漲小回，底部愈來愈高，將這些底部連結，就會出現上升趨勢線，當走勢一直不跌破趨勢線時，我們就可認定它是處於上升趨勢。而短期趨勢線是指在多頭市場時的波動，以各波段之底部低點為基準點向上延伸，即一底比一底高的情形，其歷經之時間較短，一般為數週或數月之波動所形成的，其上升仰角較陡約為 45~60 度，有時甚至在 60 度以上。（尤其在多頭市場初期最易出現）

　　如下圖：

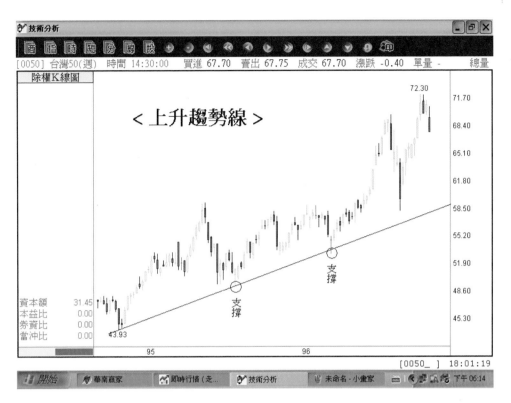

2.下降趨勢線

　　下降趨勢線又可稱為「壓力線」，隨著走勢波動線形成高點與低點。當走勢持續大跌小漲，高點愈來愈低，將這些高點連結，就會出現下降趨勢線，當走勢一直不漲破趨勢線時，我們就可認定它是處於下降趨勢。

　　下降趨勢線，又可分為長期和短期下降趨勢線。

　　通常空頭市場的長期下降趨勢線所經歷的期間較長期上升趨勢線短，約為（一～二年），其下降的角度也較平坦約為 30 ～ 45 度。而

短期下降趨勢線是指空頭市場的各個波動之頂點為基準點向下延伸，其歷經之時間較短，一般為數週或數月之波動所形成的，其下降之角度約為 60 度。如下圖：

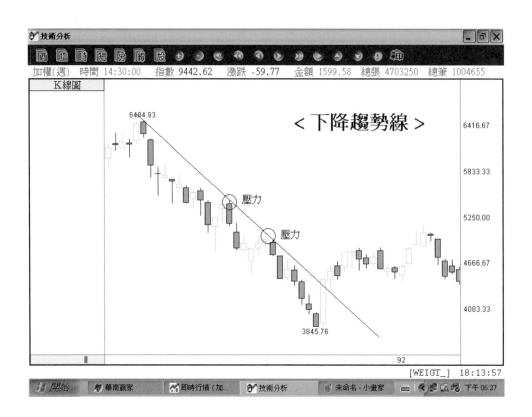

3.倒 V 型反轉

　　倒 V 型反轉多發生於行情的末升段，走勢在急漲之後，又再急速下跌，發生此種行情的狀況，多為消息面的因素所造成，此即為倒 V 型態。

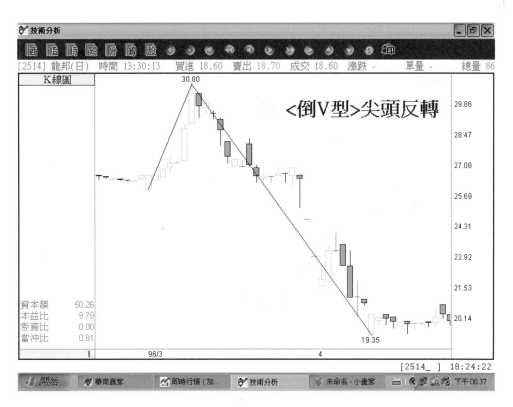

4.V 型反轉

　　Ｖ型反轉多發生於行情的末跌段，走勢在急跌之後，又再急速上漲，發生此種行情的狀況，亦多為消息面的因素所造成，此即為Ｖ型反轉。

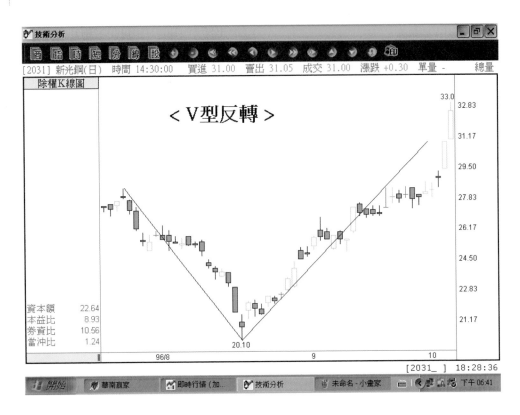

再舉一例，下圖是櫃買指數 日線 2020 年走勢圖呈現 V 型反轉，
未來測量滿足點，會是頸線 +H 麼？答案是不知道，筆者不會作這種
假設，因為現在看見的 V 型走勢，是小浪裡的型態，隨著時間增長，
大浪裡又是另一種型態，所以測量滿足點，成功機率不高，50% 以下。

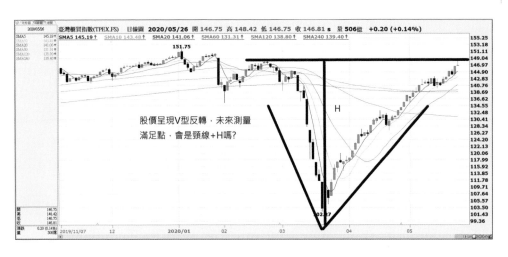

股價呈現V型反轉，未來測量
滿足點，會是頸線+H嗎？

5.頭肩頂

　　頭肩頂多發生於多頭行情的末升段，頭肩頂成形與否可從成交量來研判，最明顯的特徵是右肩量最小，其左右兩肩的高度不一定等高，頸線也不一定是水平。當走勢跌破頸線時，頭肩頂的型態就確定，走勢偏空的機率即高。台灣股市裡常見到的型態。

　　股價自低檔經過一段較長時間或快速上升後，成交量隨之增加，至股價達某一高點時，但由於漲幅已大，獲利回吐的賣壓漸重，於是在買氣不盛賣壓漸增的情況下，股價自高點開始下滑，成交量逐漸萎縮，股價慢慢回穩。因此形成了左肩。

　　當股價下挫停頓時，投資人因而逢低進場，使股價再度上揚，股價迅速超越左肩頂點，然而其成交量並未能同步擴增，且在追高意願不強下，股價至某一頂點才止步，而再度下滑至頸線附近才止跌回穩，形成了頭部。

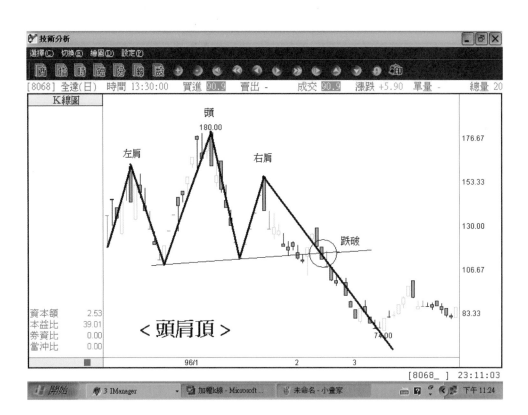

此時股價回落的低點明顯低於左肩頂點時停頓下來，而開始有
再次回升的跡象，於是股價再度揚升，然而在成交量未能隨增之下，
上漲的氣勢已明顯趨弱，賣壓沈重於是股價往往未回至左肩之頂點
即隨之下跌，並跌破頸線之重要支撐，在反彈無力之下，股價往往
快速下滑。

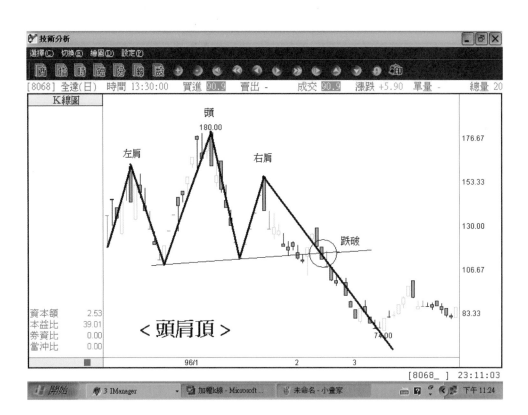

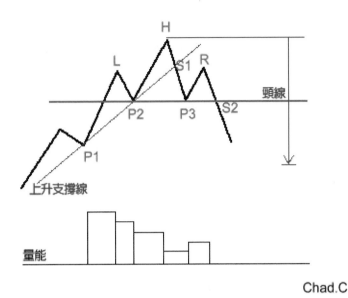

Chad.C

6.雙重頂（M頭）

　　雙重頂由二個大約等高的頭部所形成，又稱為 M 頭，頭部反轉時此型態發生的機會比其它型態多，最明顯的特徵是右肩成交量較左肩小，當走勢跌破頸線時，M 頭的型態就確定，走勢偏空的機率即高。台灣股市裡最常見到的型態。

　　股價快速上升至某一價位時，乖離偏大，投資人已發覺股價漲幅已大，開始想要獲利回吐，因此成交量大增，股價開始下挫，而形成第一個 M 頂的形狀，至股價下挫的一陣子之後，此時有許多跑短線的投資人看好該股逢低買進，使下挫趨勢停頓下來，而出現回升的跡象。股價又開始攀升，成交量放大，股價拉高又吸引了更多買氣，於是價格升高到第一個 M 頂的高度附近，又再度面臨反壓，開始出售股票，出現供給大於需求的情勢，因股價已到前次的高點，敢買進的人有限，股價再次下跌，此時整個 M 頂圖形完成。

　　下圖是加權指數　周線 2007-2008 年走勢。

　　當指數盤成一個大 M 頭時（雙重頂），市場人士驚覺不妙大舉放空，可是股價只跌一小段就不跌反彈，有半年之久，看空人士紛紛回補，M 頭經過時間改變，已經沒人提起，行情隨後一洩而下，殺到滿足點 H 位置 6321 點。

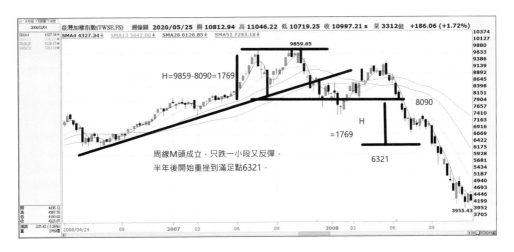

7.三重頂

　　三重頂是頭部形成三個高峰，因頭部形成時間較長，日後跌破頸線整理所需的時間也較長，在每一波上漲時有量，下跌時量縮，最明顯的特徵是第三高峰成交量比第二高峰成交量小，當走勢跌破頸線時，三重頂的型態就確定，走勢偏空的機率即高。

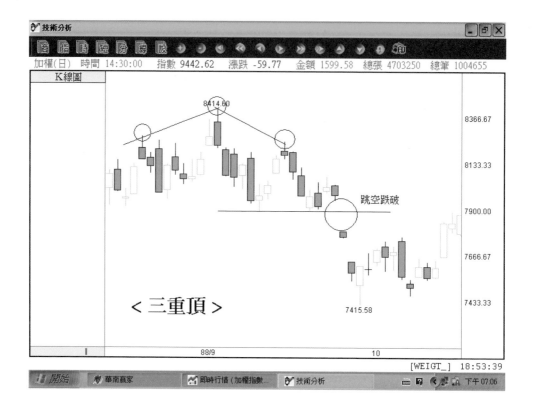

< 三重頂 >

8.圓形頂

圓型頂是走勢已有相當大之漲幅，在頂部附近，其上升軌道已趨
平緩，時而有長黑出現，最明顯的特徵是成交量須有萎縮之跡象。由
於股價走勢趨緩，短期移動平均線亦跟著走平，走勢在移動平均線上
下遊走，最後終於緩步下跌之走勢。

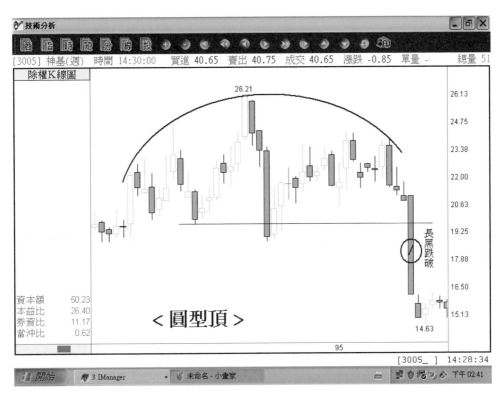

< 圓型頂 >

9.頭肩底

　　頭肩底多發生於空頭行情的末跌段，頭肩底成形與否可從成交量來研判，最明顯的特徵是右肩量須放大，其左右兩肩的高度不一定等高，頸線也不一定是水平。當走勢跌破頸線時，頭肩底的型態就確定，走勢偏多的機率即高。這種型態，很多個股走勢很常見。

　　股價自高檔一路下滑，成交量跟著萎縮，在下跌至低價後，由於跌幅已大，投資人進場買進，股價漸獲支撐，因此在試探性買盤介入下，股價反彈回升，左肩形成。在反彈至某一價位後，由於追高意願

並不強，加上之前套牢的投資人，急於認賠殺出，因此股價又再次下跌，直到超跌後，投資性買盤湧入，股價才又快速反彈回升，此時形成底部。

反彈至頸線時，在短線獲利回吐之賣壓湧現下，股價再度向下探底，但幅度並不大，在投資人眼見股價再跌有限及空頭搶補下，成交量激增，股價快速回升並有效突破頸線之壓力，因此形成了頭肩底圖形。

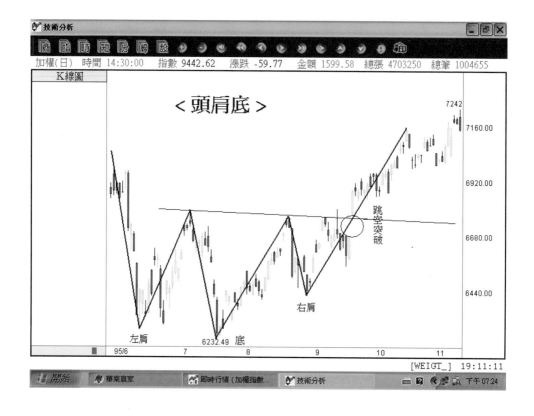

頭肩底：跌勢末端反轉型態，買進訊號明確。

A. 走勢說明：如下圖所示

　　股價經過一段時日之下跌後，出現 P2 至 H 之下跌量縮，為第一個反轉信號，當股價自 H 帶量彈升至 P3 隨後拉回量縮，若能在前波低點 L 附近止跌反彈，向上突破 P2、P3 之頸線位置則右肩成形，漲勢確立。帶量突破頸線將直線拉升，此時將是最後買點。

B. 操作判斷

向上突破下降壓力線為第一買點 B1。

向上突破頸線為第二買點 B2。

向上突破頸線後之最小漲幅為 H 至頸線距離的 1 ～ 1.382 倍。

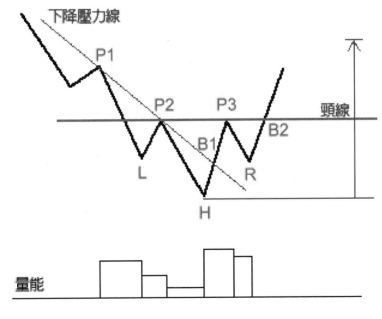

10.雙重底

雙重底由二個大約等高的底部所形成,又稱為 W 底,底部反轉時此型態發生的機會比其它型態多,最明顯的特徵是右肩成交量較左肩大,當走勢漲破頸線時,W 底的型態就確定,走勢偏多的機率即高。

股價自高檔快速下滑,成交量也隨之逐漸萎縮,此時市場一片看淡,由於投資人損失已大,不願再認賠出脫,而部份投資人認為跌幅已深,酌量逢低承接,形成量縮價穩之現象,股價直到止跌回升,而形成左底。

股價反彈至某一價位後,因投資人的信心尚未完全恢復,追高意願並不強,成交量擴增有限。此時上檔套牢的賣壓再次湧現,且投資人接手意願低,因此股價又滑落至左底附近,成交量亦隨之萎縮,跌勢趨緩。

在投資人眼見股價似乎已跌至谷底了,因此逐漸恢復信心,紛紛入場買進,加上部份空頭回補之下,成交量激增,股價迅速反彈回升並有效突破頸線之壓力,此時形成雙重底圖形。下圖說明:

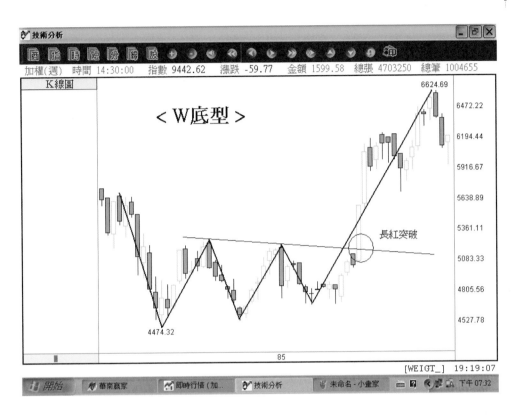

11.三重底

　　三重底是底部形成三個底部，因底部形成時間較長，最明顯的特徵是第三高峰成交量比第二高峰成交量大，當走勢漲破頸線時，三重底的型態就確定，走勢偏多的機率即高。下圖說明：

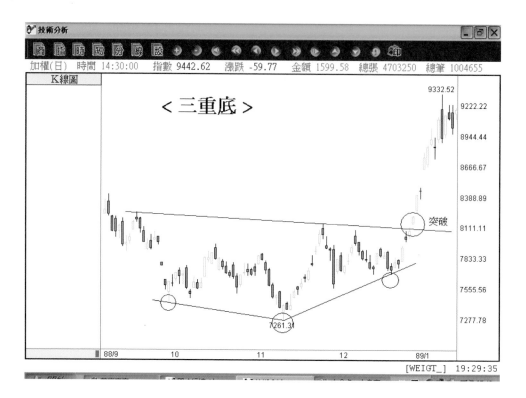

12.圓形底

　　圓型底是走勢已有相當大之跌幅，在底部附近，其下降軌道已趨
平緩，時而有長紅出現，最明顯的特徵是成交量須有放大之跡象。由
於股價跌勢趨緩，短期移動平均線亦跟著走平，走勢在移動平均線上
下遊走，最後終於緩步上漲之走勢。下圖說明：

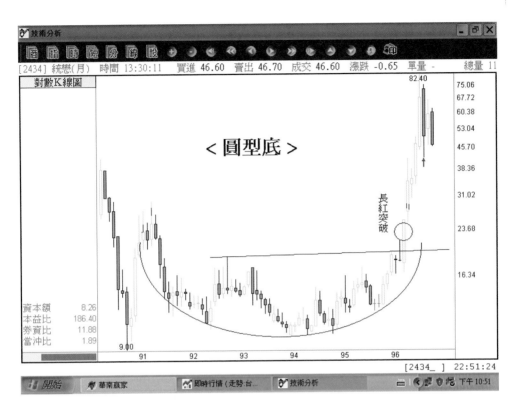

13.上升旗形

　　上升旗形多出現在多頭走勢的整理行情，在整理期間當走勢出現高檔越來越高，而低點也越來越低，則在此上升格局下，整體未來走勢上漲的機會高。下圖說明：

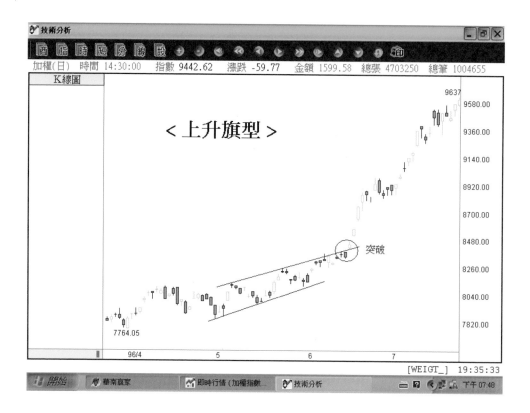

14. 下降旗形

　　下降旗形多出現在空頭走勢的整理行情，在整理期間當走勢出現高檔愈來愈低，而低點也愈來愈低，則在此下降格局下，整體未來走勢下跌的機會高。下圖說明：

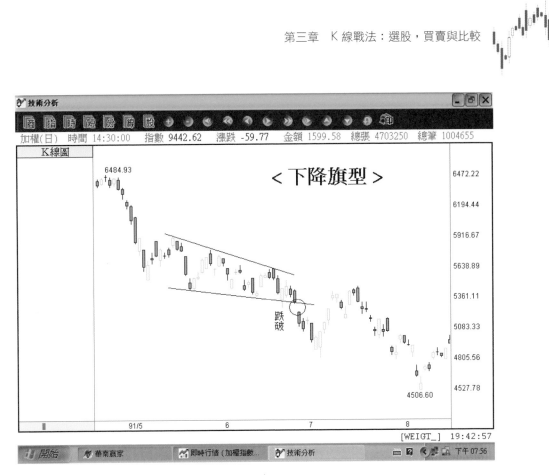

<下降旗型>

　　其他的型態尚有上升三角形，下降三角形，菱形…等，都屬於趨勢中段整理型態，方向可上可下，不確定的型態，知道就好，不必執著。

第七節　型態學 K 線優缺點

優點：趨勢明確

A. 上升趨勢：有上升趨勢線，V 型反轉，頭肩底，雙重底（W 底），三重底。圓形底，上升旗形。

B. 下降趨勢：有下降趨勢線，倒 V 型反轉，頭肩頂，雙重頂（M 頭），三重頂，圓形頂下降旗形。

缺點：滿足點，不一定會滿足

A 線會隨著時間而改變型態，M 頭變 W 底，在判斷上容易出錯。

B. 型態學測量滿足點，不一定會滿足，因台股有漲跌幅限制，不像歐美股市無漲跌限制，當 W 底成立，很快時間就會到達滿足點，台股常常會因時間因素，K 線會改變成另一型態。

C. 一個型態盤整完要三個月以上，不適合短線客。

第四章

成交量：融資券

第一節　價量關係圖

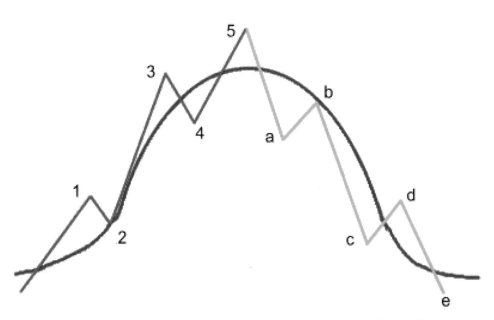

上漲趨勢（多頭市場）　　下跌趨勢（空頭市場）

chad.c

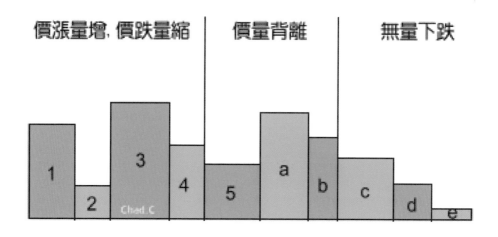

標準完整市場：3>a>1>b>4>5>c>d>2>e

標準多頭市場：3>1>4>5>2

標準空頭市場：a>b>c>d>e

上圖一看就很明白，要有的基本概念。

價量關係的第一定律：價漲量增價跌量縮，第二定律：量比價先行

　　政府開放當日沖銷後，成交量能的解釋更多元，台北股市每年上市櫃約有一百多家，還不包括興櫃，籌碼年年增加，可是量能卻年年萎縮，民國 79 年單日量能衝高到 3000 多億，那個年代沒當沖，避險，淨量能如此之高，令人咋舌，30 年後的今天，上市加上櫃量能大概在 2200 億元上下，而且還包含當日沖銷量能，與外資每日約 300 億套利成交量，若是以量能角度來衡量，台北股市應該要走長期空頭，可是台灣總體經濟 GDP 這 30 年卻相當亮麗，維持 GDP1.5-3.5% 成長率，導致基本面與量能是背離的，政府為了解決長期股市動能不足問題，

不得不開放當日沖銷來補充量能，當然幫助很大。而資金是聰明的錢，自然會流向最具有潛力的股票，這些熱門股很重要，人多量能足，自然就會漲，

　　而冷門股，基本面平庸的，變成長期的殭屍股，無人聞問。而台北股市沒有下市制度，不小心買進這些冷門股住進套房，可要長期投資了。

　　因量能不足，要有一些基本認知，有些產業股票是要放棄操作的，不能因為本益比低，殖率利高，就買進短期操作，這是有風險的，要存股長期投資當股東，當然可以，可是你會發現在你身邊某人買進某傳產股，三個月半年不漲還跌，存股的心就後悔。筆者的觀念是這樣，股票市場是有風險的，要投資就要想辦法求得最大投資報酬率，資本利得（賺價差），低本益比，高殖率利都是假議題（後面章節會說明），承受風險就要追求最大報酬，這是天經地義，只想賺 3% 殖率利的錢，只承受一點點風險，想得美，偷雞不著蝕把米，承受風險不比追求高報酬的人小，只是時間的問題，這是打從心底的話，是我與其還有一點風險，不如不投資回家睡大覺。現在有幾兆資金放在銀行定存，債券，不就是答案了嗎。股市天機圖操盤法，就是追求高報酬，讓那些操作不順利的人，有所改變。

價量關係新解

1. 第一定律：價漲量增價跌量縮

　　　　這是基本定律，股票第一波上漲需要大量洗套牢反壓，這一點很重要，**拉回價穩量縮，這時就是進場買點**，當他再次攻

前高點，量能自然放大，而且比前波還大，這是標準攻擊上漲模式，但這種量能一波比一波大，往往上漲幅度不會太大，原因是籌碼混亂，大家只是玩短線，過高時前波買的人就賣出來，沒打算長抱，量能一波波高有困難，不可能再放大的量會變成套牢量。

下圖是　6104　創惟　2019 年走勢。

股價與量能接一波比一波放大，股價會漲，漲幅不大。

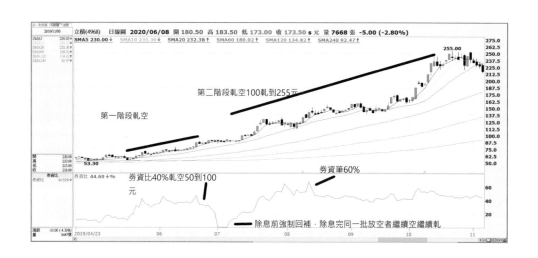

2. 量價背離，量能惜售，才是大漲保證

股票第一波上漲需要大量洗套牢反壓，這是拉高吸貨，拉回量縮再攻高，就不需要更大的量能，產生量價背離，這樣才棒，代表籌碼穩定，有人長期抱牢的結果。等到漲幅滿足，才會再次爆巨量，先前買的人這個位置獲利出場。量價關係，這

個模式才是最佳選擇。

　　量價背離，股價過前波高後，因量能萎縮而拉回整理，這是標準的代表用小量就可以突破前高，後續的量價才是重點，量能若還是萎縮，就要注意價格是否下跌。

　　下圖是　6510 精測　日線　2019 年走勢。

　　先爆量吸貨，拉高量不過高，惜售。

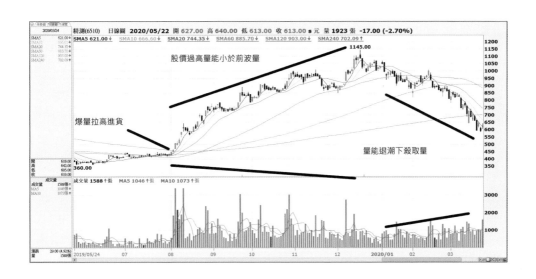

3. 第二定律：量比價先行

　　這定律很重要，只要在底部區爆量，就有 90% 勝率，股價會往上漲，但是量是沉澱後的爆量，而不是下殺取量。這要分辨清楚。

下圖是 6510　精測　日線　2019 年走勢。

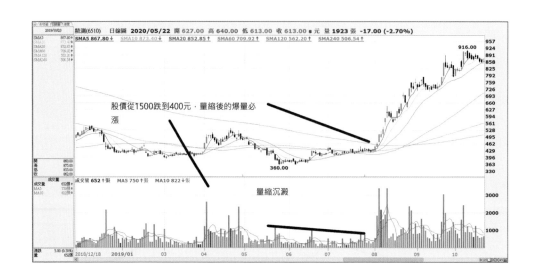

4. 下殺取量反彈無量

　　股價漲高後，成交量會慢慢無法在增加，整理一段期間，
（13 天內），量能開始萎縮退潮，等到股價跌破頸線或趨勢線，
股價會開始殺出，一直跌到有量為止，當反彈時會量小，就是
一個放空位置，股價會再破底再一次下殺取量，或是開始築底，
必須等到價穩量縮，才是盤底完成時。

下圖是　2327 國巨　日線　2018 年走勢。

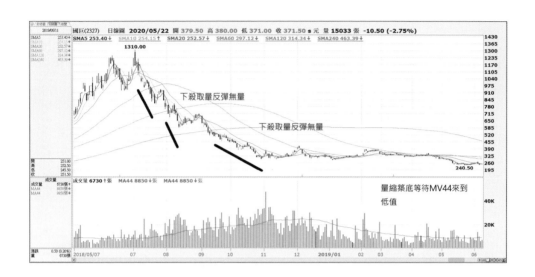

各位讀者，你知道上面兩圖，2327 國巨與 6510 精測，同樣是低檔區爆量，一個會漲，一個會跌，是為何原因？

5. 移動平均量 44MV

買股票，成交量要大於移動平均量 MV44，勝率 100%。也是上面問題的答案。

量是價的先行指標，股價在低檔，移動平均量 MV44 數值也在低檔，當股票每日成交量逐漸放大，大於 MV44 均量，股票一定上漲，相反的，大漲後成交量會萎縮，會小於 MV44 均量，股價自然會拉回，而成交量不是看兩三天，而是看一段區間的比較，約 13 天。

股市 天機圖操盤法

下圖是　2327 國巨　日線　2019 年走勢。

股價在高檔，只要成交量小於 MV44，股價就等著下跌。

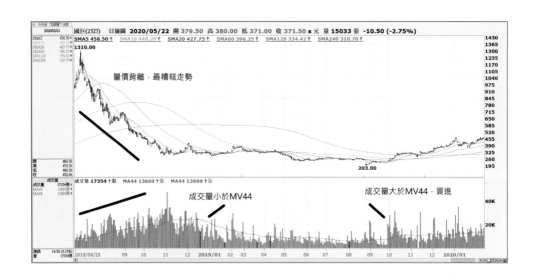

6. 無量下跌

　　股價只要從高檔下跌，成交量自然會萎縮，前文有提到台股 1600 檔股票在搶資金，沒量就沒價，就是這個道理，在下跌量縮的期間，會有跌深反彈，量能要持續 13 天大於 MV44 才行，不然反彈完又會在破底無量，直到最後下殺取量。

下圖6166凌華　日線　2015年　股價隨著量能一路下滑。

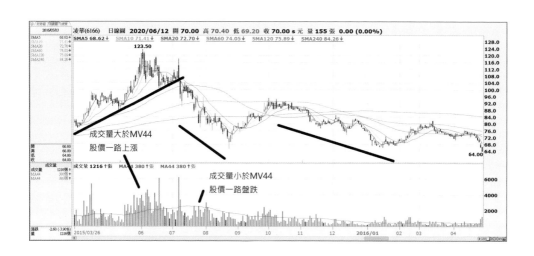

下跌無量謂之崩

下圖是6452康友　日線　2018年　主力被斷頭無量崩盤，直到放量止跌。

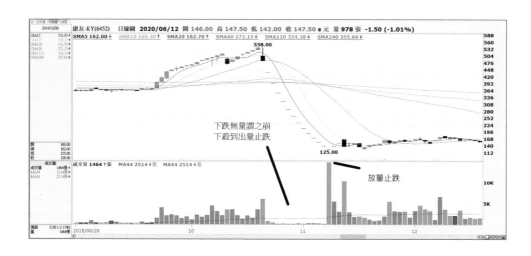

7. 資金流向是上漲的保證

多年來上市加上櫃日均量約 2300 億，每個產業類股都在搶資金，題材是最佳亮點，媒體報章雜誌都會報導，能見度高，最能吸金，金融傳產長期能見度低，產業競爭不大，股價長期被低估，本益比低，也成為存股族的首選，因此股價震盪幅度小，風險亦小，很多不看盤的投資人資金都停在這些族群，但是真的安全嗎

不，當有股災來時，熱門的，最吸金的電子股漲多自然成重災區，股價腰斬，而金融傳產反而跌幅小，跌三成，可是當行情回升時，電子股紛紛解套，金融傳產反而要等大家都解套了，才輪到他們，這叫作落後補漲股。當然有一些個別成長股當然可以脫穎而出，那只是少數。所以台股 1600 檔股票中，有一半的股票都在睡覺，你的資金不要被陷在裡面，寧可停損出場，也不要任人擺佈。

資金流向是非常快速的，不斷在各族群裡轉，抓住指標股「領頭羊」很重要，和他所屬的族群，上下游關聯性股票，這對操盤非常有幫助，也是選股的一個「眉角」。可參考第十五章　基本分析裡，〈產業景氣循環與選股關係〉。

8. 當沖與周轉率高

周轉率是指股票當天的成交張數，占股本的成數，如 10 億股本，流通股票有 10 萬張。若是當天有 2 萬張成交張數，表示其當天周轉率是 20%，這是個很大的數字，表示這家公司股東有 2 成換人當，在過去沒有開放當沖時，這就是個危險訊號，

代表股價過熱，如果是在高檔，作頭的機會很大，若是連續 5 天周轉率都是 20%，是不是所有股東全換人，這當然不是，因股價漲太高，驚動所有股東，是不是考慮該賣了，所以高周轉率 20%，成為一個爆巨量的指標。

現在市場也隨時代在改變，開放當沖後，像今年很多股票周轉率高達 30-50%，很驚人，爆天量可是股價仍屢創新高，當天成交張數中，60% 的人都在作當沖交易，因此在量能的解釋上，必須從交易法規與心理層面去探討。

下圖是 3373 熱映　日線，四億股本，2020 年走勢，四個月漲 8 倍。

股票漲高爆量本是正常現象，在飆漲後一定會爆量，連續大漲後乖離大，再加上投資人獲利已豐，先賣一趟，有拉回再買就好，周轉率就會高，可是 20% 周轉率在以前就是個頂，頭部，在今年紛紛被打破，甚至來到 50% 周轉率，認為應該是漲到頂了吧，可是股票持續再飆漲一倍，真是拜交易所警示制度所賜，處置股票 20 分鐘一盤交易，因為是全額交割，以往這種股票會先拉回再說，現在可是反了，因處置股票買賣不方便，反而更惜售，無法當沖，籌碼反而穩定，

當然題材基本面是新冠疫情時媒體搧風點火助漲威力，每月本業賺 0.1 元爆增到 2 元，20 倍成長，股價追著基本面跑。量能 50% 周轉率，可是股價本益比還是低。這讓我體會出**量能是比較，不是絕對**。

若是依照過 20% 周轉率就賣出，後面少賺好幾倍。但是不管如何 20% 周轉率就是高，就要特別注意是否為頭部訊號。

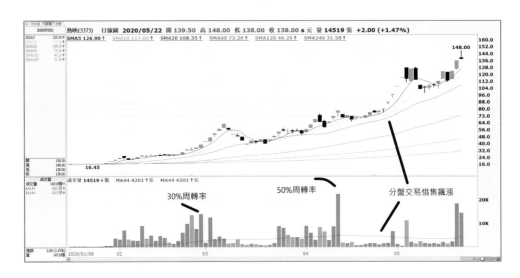

9.凹洞理論

　　股票當有外部消息因素，成交量因價漲惜售而量縮，造成短期內有成交量遞減的現象（凹洞），稱為凹洞量。

　　如果成交量忽然放大，之後不再增加，即表示需求已達極限，同時意味著供給逐漸超過需求，這就來到股價的高峰區，不過，一但股價被炒的太高，投資人不願再追價，或該股出現利空消息，使買盤縮手，都可能使成交量難以突破，而上漲無力。

　　簡單說買方力道，遠遠大於賣方，所產生的惜售凹洞量。

下圖是 1325　恆大　日線　2020 年 5 月。

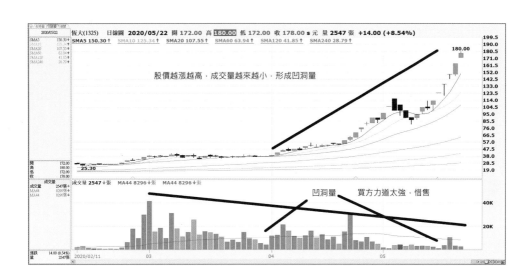

還有一種凹洞量，是發生在空頭市場中，原本股票走空頭量就是小，當公司發生財報問題，產生賣方力量遠遠大於買方，稱為無量下跌。這種情況很可怕，需等到有量才會反彈，可是反彈完繼續無量下跌。其間成交量急凍，也稱凹洞量。

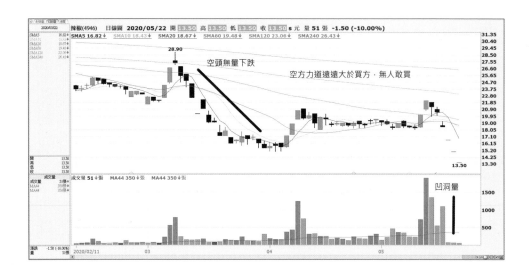

下圖是 4946 辣椒 日線 2020 年 5 月

第二節　融資融券

融資的意義與使用

1. 融資表示投資人的信心與浮額

　　融資是股民看好市場後市，向證金公司借錢買股票的行為，擴大槓桿操作。同時也表示對股市信心增加，融資增加越多，股市動能就越大，越多人看好後市，產生追價力就越大，但是融資不斷增加，也表示散戶的浮額也增加，負擔越來越大，成交量要不斷放大才行，有一天量能縮了，這些融資賣出，下跌壓力也大。

2. 融資連續減少表示投資人對股市沒信心，若是由高點向下修正，是會重挫大跌，因為融資是保證金制度，當股價爆跌 3 成，融資維持率不足是要被迫賣出的。

3. 融資連續性大減，表示大盤指數將止跌反彈，因融資殺出，浮額洗清關係。

4. 融資連續性大增，代表散戶急速搶進股票，很容易隔天就拉回，因浮額太多，融資餘額 70% 以上，更表示散戶都上車，等著股票上漲，大戶會幫你拉抬嗎當然還是有少數股票是大戶用融資大量買進的，只要股票漲不上去，就要注意下跌的風險。

5. 大盤指數漲幅與融資增幅的對比。

　　大盤指數這波反彈 30%，融資增幅只有 20%，表示投資人還沒有全面恢復信心，大盤還有續漲能力，行情還不會那麼快結束，等到兩者增幅一致後，代表大盤浮額負擔已經到負荷滿足，行情等著下跌而已，這是一個參考指標，不代表馬上下跌，有時拖個三個月後再跌也有。

融券餘額與放空時機

　　融券餘額是投資人借券放空，尚未回補的總張數，當你看壞行情，認為股價被高估，會下跌，可以向證金公司借融券，先行放空，等它下跌時回補。這種先賣後買的行為，在空頭市場裡，也是操盤的投資行為。

融券操作特性

1. 股票持續上漲時，融券餘額持續上升，表示放空之人被軋空。若此時融資餘額亦持續上升，表示多頭較強。
2. 股票持續上漲時若此時融資餘額減少，主力進出庫存增加時，表示籌碼在主力手上，後勢蘊釀有更強勢的波段漲幅。若主力進出庫存開始減少時，是股價下跌前之訊號。
3. 融券餘額若從當天高點大量減少時（回補）表示空方投降，所以融券餘額的高點亦應是股價的高點，應無軋空的行情。
4. 「軋空」，券資比＝融券餘額除以融資餘額，若超過 30%，這支股票容易被軋空，因為會引來一批作多軋空部隊，軋死空頭

到標借為止。股票由空頭市場轉為多頭市場最容易引來空軍放空，一般散戶不會放空，大都是一些資深業內，或投資人才敢放空，特別是那些領頭羊，技術面領先基本面 3-6 個月，在空頭裡領頭羊已經先漲，股價飆一倍，還看不到業績，孰不知基本面是落後指標，當看到基本面時，股價已經飆了一倍又一倍。

　　「軋空」有一句名言：空頭不死，多頭不止。特別是對那一些基本面教義派的，天天喊不要追高，無疑是該反省時候。為何股價漲了一倍又一倍，法律並沒有規定最高本益比應該是多少，也沒有說低本益比就應該要漲，這是現行交易制度下的怪獸，接受吧。順勢操作才是王道。

　　下圖是 4968 立積　日線　2019 年走勢。

　　第一階段軋空，券資比 40%，從 53 元軋到 100 元，融券因除息被強制回補，除完息，同一批放空者又繼續空，第二階段軋空，券資比 60%，從 100 元軋到 255 元。那時已經標借沒有融券可以放空，如何攤平操作。所以空頭不死，多頭不止。

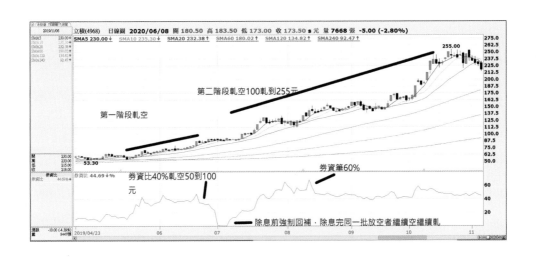

融券放空時機與要領

A.股價跌破季線 MA60，反彈 7% 時可以放空。

B.跌破上升趨勢線，跌破季線 MA60。

C.大盤跌破季線 MA60，多空移位時，選擇尚未跌的補跌股。

D.頭部暴大量，套牢的個股。

E.KD 走空頭循環，在 KD 值 50 附近放空。

F. 空頭鈍化時，股價暴跌，跌幅往往是前一波多空循環的倍數。

G.空頭市場的個股，常常要 KD 空頭鈍化，多殺多才會落底，其中大多只是反彈。

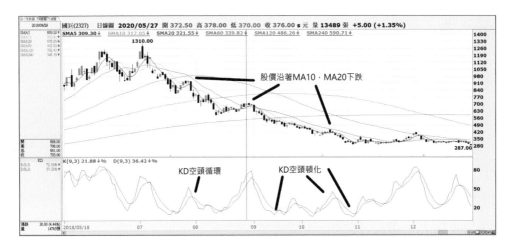

H.ABC 法則的個股，不搶反彈，空頭時要在反彈點放空。

I. 可選擇高融資餘額個股 70-90%，大波段放空操作。

J. 甘氏角度向下低於 45 度，會成為放空對象。

K.可依波浪比較法找弱勢個股放空。

下圖是　3228 金麗科　日線　2018 年沿 45 度角下跌

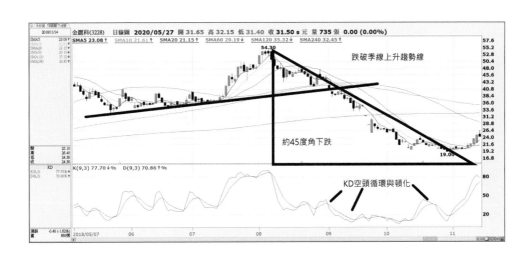

第三節　關鍵量

成交量是比較來的，重點在關鍵 K 線的關鍵量。

第一定律：價漲量增價跌量縮。

股價突破底部整理盤，一定會發生價漲量增的關鍵 K 線，最好漲停，此價位稱 P1，他的量增叫關鍵量 V1。隨後股價一定是上上下下，會產生第二個關鍵量 V2，那時的價格位置 P2，往後幾個月裡會有數個創高 K 線 P3，P4，P5，……關鍵量 V3，V4，V5。

P1<P2<P3<P4<P5

V1<V2<V3<V4<V5

1. 關鍵 K 線 P1，關鍵量 V1，稱為起漲，價量都不是最大。
2. 每一個關鍵 K 線的低點，為停損點，跌破代表關鍵量有人套牢，需要拉回洗盤，重新整理，整理成功再突破前波高，自然會產生新的價格 P2，關鍵量 V2。
3. 股價突破底部的關鍵 K 線與關鍵量，只要不跌破 K 線低點，都要持股抱牢。
4. 當股價漲高後，關鍵 K 線 P5，關鍵量 V5，會跌破 K 線低點，形成套牢量，股價可能會開始走空頭要注意，如果是主力套牢，拉回洗盤整理還會再突破前高，又有新的關鍵 K 線 P6，關鍵量 V6。

下圖是 3483 力致日線 2020 年關鍵 K 線與關鍵量。

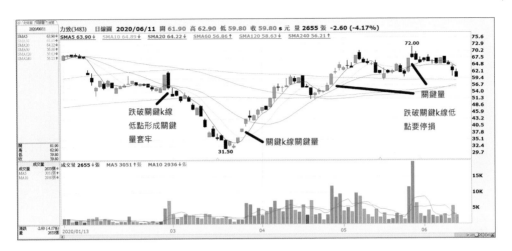

下圖是 3373 熱映 日線 2020 年

當股價漲高後，關鍵 K 線與關鍵量，會跌破 K 線低點，形成套牢量，股價會拉回整理，如果是主力套牢，拉回洗盤整理還會再突破前高，又有新的關鍵 K 線，關鍵量。

股價終有結束的一天，成交量無法再創新量，自然多頭會走向空頭。

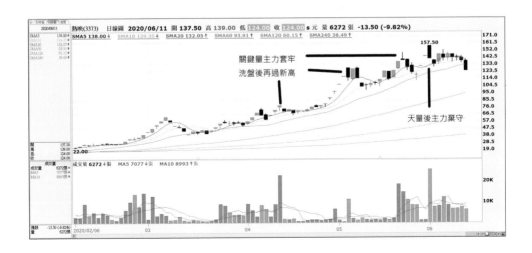

第五章

天機圖的波浪理論：123 法則

第一節　123 法則與波浪理論

股市如何區分多頭與空頭市場

　　股市以移動平均線（年線 MA240）來區分為多頭市場與空頭市場，多頭市場以作多為主，空頭市場多空都可以操作，還有期貨市場可以避險。

123 法則

　　先說一下美國道瓊指數中，祖師爺道瓊斯先生理論重點：

道氏理論原則：

按時間划分，市場同時存在 3 種趨勢：

1. 長期趨勢：持續的時間為數個月至數年。

2. 中期趨勢：持續的時間為數周至數個月。

3. 短期趨勢：持續的時間為數天至數周。

　　這 3 種趨勢都同時存在於市場中，彼此的方向可能相反。簡單說短期走空中期趨勢不變，中期走空長期趨勢不變，可是長期趨勢要走入熊市是由短期開始，影響到中期走空，最後演變成經濟蕭條，通貨

膨漲，步入長期空頭。

這個告訴我們**趨勢不容易改變，一旦改變，短期不容易再改變**。因為有時間周期因素，例如戰爭衝突，影響區域經濟，中期股市會走空，可是長期趨勢走多卻不會改變。了解的人會很開心，若是股市一直走多頭幾年，股價都在高檔，價值都被高估，股價上漲空間會變小，若是有機會發生戰爭，金融風暴，傳染病……等等，股價暴跌，洗牌重來，不是獲利的機會與空間會更大嗎？

波浪理論

「艾略特波浪理論」。它是自然界波動規律的一種近似「數學表達模型」。基本上，它和股市分析方法不處在同一層次上。瑞福·尼森·艾略特（Ralph Nelson Elliott）竟然在養病的三年期間，通過對道瓊斯工業平均指數的仔細研究，而發現我們現在所謂的「波浪理論」，我們已經無從知道艾略特是如何發現的，當時，艾略特就預言，在未來的幾十年將會出現一個大多頭市場。他的這項預言，與仍然彌漫著熊氣的市場截然相反。其實大部分人都不敢想像道瓊指數會超越它在1929年所創下的最高點（386點）。但是，事實證明波浪理論是對的。

在今天，由於學習波浪理論的人（特別是國內）很多，特別喜歡去預測未來大盤指數高低點，包括筆者在內，曾經花了很長時間去作研究，可惜完敗下場，才疏學淺，仍無法應用波浪理論來預測台股的高低點，因為天機圖操盤，是要作到勝率70%。但是卻發現有一條艾略特的波浪理論，勝率100%的波浪操作法則。

其他的波浪法則，都有盲點。

首先投資人還是要對祖師爺艾略特的波浪理論，有所認識。敘述如下：

多頭市場漲勢波浪原理

- 第一波：又稱為「初升段」，通常經過一段時日的下跌與築底之後出現的反轉波浪，此時多方仍有戒心，壓力仍大，一般績優大型股風險相對較小而有較佳的先行表現，穩定後之前跌深個股亦有不錯之回升。

- 第二波：次波回檔幅度可能較大，必須將短多賣壓換手才能上攻。

- 第三波：又稱為「主升段」，多頭走勢確立，中長買盤積極介入，追價意願高漲，量能充裕，因此延伸波常在此時出現，多數具業績題材與主流股皆有強勢表現。

- 第四波：此波修正之走勢型態可能較第二波複雜，但此時多方人氣尚未消退而尚具支撐。

- 第五波：又稱為「末升段」，短線投機買盤增加，賣壓逐漸增強，此時常有量價背離之現象，而之前漲幅落後個股將出現補漲走勢。

- 第A波：市場多頭氣氛尚未結束，多方逢低仍會進場承接，但常不敵賣壓而下跌。

- 第B波：投機買盤搶短居多，且前波已有套牢壓力存在，隨時可能回跌。

- 第C波：空頭走勢確立，多方急於退場，賣壓沉重。

漲勢波浪原則

- 漲升結構必由五波組成。
- 除非一、三波延伸，否則第三波漲勢最強，幅度最大，量能最多，時間最長。
- 除非一、三波延伸，否則第四波低點應高於第一波高點。
- 一、三、五波中有一波可能延伸，以第三波機率最大。
- 跌破二、四上升支撐線則五波結束。

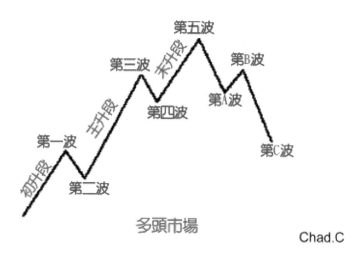

空頭市場跌勢波浪原則

- 下跌結構必由三波組成，而 A、C 又可細分為五波下跌。
- 反彈 B 波量能小於 A 波，容意價量背離。
- 下跌 A 波與 C 波的第一、五波若無延伸，則第三波跌勢應該最強、幅度最大、時間最長。
- 下跌 A 波與 C 波的第一、五波若無延伸，則第一波低點應高於

第四波高點。

- 下跌 A 波與 C 波的第一、三、五波中有一波可能延伸。
- 突破之前漲升五波高點與 B 之下降壓力線則三波結束。

跌勢波浪原理

- 第一波：又稱為「初跌段」，通常經過一段時日的上漲之後出現的反轉波浪，但因此時多頭氣氛仍在，跌幅通常不會太大，而以本益比偏高個股股價修正為主。
- 第二波：多方搶短居多或以為股價回升而加碼，但此時已出現價漲量縮之空頭跡象。
- 第三波：又稱為「主跌段」，空頭走勢確立，之前承接者皆遭套牢，多方積極退場，市場籌碼紊亂，多殺多發生。
- 第四波：前波超跌個股短線買盤介入，且因跌深，套牢者亦會惜售，但上方套牢賣壓重重，不宜追價。
- 第五波：又稱為「末跌段」，量能漸縮，之前抗跌股出現補跌。
- 第 A 波：市場空頭氣氛尚濃，股價雖因跌深而反彈，但因量能不足，追價意願薄弱應以解套或換股為主。
- 第 B 波：解套賣壓出籠，股價壓回。
- 第 C 波：若無量則以停損操作為主，可能進入另一段跌勢。

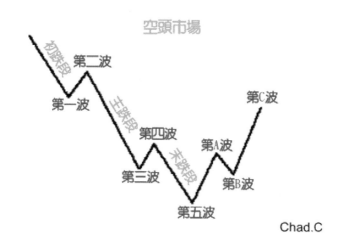

由於波浪理論所描述的波浪，必須對每一級次的波浪作出標識，以及準確分析。所有級別中九個級別的波浪：

超大循環浪（GrandSupercycle）：<I>、<II>、<III>、<IV>、<V>，<A>、<B>、<C>；

大循環浪（Supercycle）：（I）、（II）、（III）、（IV）、（V），（A）、（B）、（C）；

迴圈浪（Cycle）：I、II、III、IV、V，A、B、C；

基本浪（Primary）：（1）、（2）、（3）、（4）、（5），a、b、c；

中型浪（Intermediate）：1、2、3、4、5，a、b、c；

小型浪（Minor）：（i）、（ii）、（iii）、（iv）、（v），（a）、（b）、（c）；

細浪（Minute）：i、ii、iii、iv、v，a、b、c；

微浪（Minuette）：1、2、3、4、5，（a）、（b）、（c）；

次微浪（Subminuette）：一般而言，超級大循環浪的運行時間往

往會超過一個人的壽命。而細浪以下的更小級別的小波浪運行時間很少超過１小時。因此，在實際應用上，目前台北股市的位置，是在這九個級次裡的哪一級波浪。對於我來說，是相當困難的。對操作上沒有什麼幫助，更何況還要去預測未來大循環浪的位置。更有點不切實際。有如汪洋中的一條船，能夠確定你要行駛方向，確定能到達目的地才是最重要的，雷達雖然能預測暴風雨將至，現在更不必提心吊膽，自己嚇自己，這些都不利於目前的操作，畏首畏尾只會干擾你的前進方向。

天機圖的波浪理論：123 法則

是採用勝率 100% 的操作模式，**「一波比一波高，一底比一底高，當此波過不了前高，必破前低。」**其他的波浪理論原則都不採用，簡單一句話，**「股價拉回買進，過前高賣出」**就是所謂的「低買高賣」。

下圖　加權指數　日線小浪。

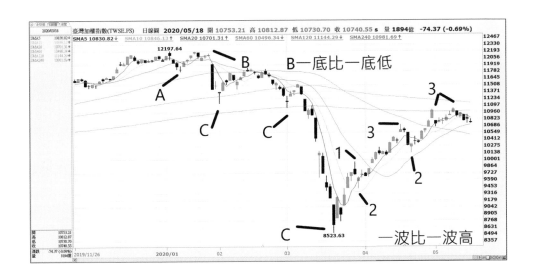

　　天機圖的波浪理論分巨浪，大浪和小浪，操作實務上分「123 法則」與「ABC 法則」。巨浪是指總體經濟受到非系統性風險影響，如戰爭、金融風暴、傳染病等無法事先預測風險，一次性摧毀股市 2000 點以上，因為發生時間無法預測，故暫時不討論，但是台北股市長期巨浪是多頭，可以從總經 GDP 總額，上市公司獲利成長，很明確可以判斷自從有台北股市後，巨浪都還沒有走完，長期空頭市場還很早，艾略特先生曾說，有些巨浪周期高達 100 多年，我們很榮幸生活在這個世紀裡，台灣經濟由半導體撐起一片天，持續向上成長，但這也不代表其他個別產業的盛衰。

　　巨浪來臨時，股價會來測試 5 年線，與 10 年線成本，不管是 A 波還是 B 波都是買點，一般來說遇到金融風暴，戰爭或是傳染病等利空才會來到此位置，在當下情緒是恐懼害怕的，若是真跌破 10 年線，才真是大災年，主因才是經濟衰退，蕭條。

　　下圖是加權指數　月線　巨浪是當世界遇到大利空時，造成恐慌才會來的 A 波或是 C 波，沿 10 年線上漲的趨勢是長線多頭市場。

下列事件是造成加權指數，走巨浪 A 波或是 C 波，測試 5 年線或是 10 年線。

1. 1995　民國 84 年　台股 7228-4474　中共試射飛彈
2. 1997　民國 86-87 年　台股 10256-5422　東南亞金融風暴
3. 2000　民國 89 年　台股 10393-4555　網路泡沫
4. 2001　民國 90 年　台股 10393-3411　美國 911 恐怖攻擊事件
5. 2002　民國 91 年　台股 3848　網路泡沫
6. 2003　民國 92 年　台股 4275　美伊戰爭
7. 2003　民國 92 年　台股 4044　SARS 疫情
8. 2008　民國 97 年　台股 9859-3955　美國金融風暴（次貸危機 + 雷曼 +AIG）
9. 2011　民國 100 年　台股 6609　歐債危機—歐豬五國無力償還債務
10. 2015　民國 104 年　台股 7203　希臘債務危機
11. 2018　民國 107 年　台股 9319　中美貿易戰
12. 2020　民國 109 年　台股 12197——8523 新冠肺炎疫情

　　下圖是美國道瓊指數　月線　巨浪是沿 10 年線上漲的趨勢是長線多頭市場，遇到大利空時，造成恐慌才會來的 A 波或是 C 波，測試 5 年線，10 年線。

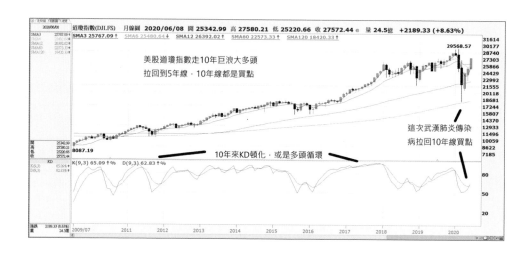

操作上專注於小浪日線操作，持股比重以大浪週線位置為主。

多頭操作 123 法則：一波比一波高，低買高賣

　　123 法則的基本精神 --- 不管波浪理論 1.3.5 波或是延伸波，只管拉回買進的第 2 波，因為前高必過（第 3 波），過高以後等著找賣點，可依照 3K 法賣出（page 101），波浪循環永遠是 1-2-3-2-3-2-3，漲高後一定會遇到此波過不了前高的時候，答案就是必破前低。

　　通常 123 法則會延著移動平均線（月線 MA20）來進行，接近月線就是買點，2 法則位置，當股價跌破月線，回檔波 abc 波就會形成，若是連週線 3k 法也跌破，大浪 2 法則也開始下跌。

　　前文有說股市以移動平均線（年線 MA240）來區分為多頭市場與空頭市場，多頭市場以作多為主，不放空，縱然有回檔波 abc，可降低持股，或短線應對，而空頭市場多空都可以操作，還有期貨市場可以避險。長期投資人或是上班族以大浪操作為主，操作上看週線，職業投資人以小浪為主，操作上看日線。

空頭操作 ABC 法則：一波比一波低，高賣低買

　　一般來說多頭市場的回檔波，是不放空的，個股最多拉回 2-3 成而已，但是股價在高檔，國際間發生重要事故，造成對總體經濟的損傷就可以放空，空頭操作重勢，讓多頭信心崩盤，多殺多產生，空頭就可以在短時間內獲取暴利。

　　空頭操作，首先週線大浪必須被破壞，3k 法跌破，B 波反彈才可以放空，因為他還會破前低，等產生多殺多時，就是空頭回補時機，多頭個股是緩漲，輪漲，到了空頭是整體的齊跌，大家不管業績好壞，一起同時下跌，這就是空頭的威力，原因是市場投資人會把賺錢的股票與賠錢的股票一起賣出，來彌補損失，造成短期籌碼混亂，再加上融資斷頭，股價自然會腰斬。目前台股融資剩 1000 億左右，操作融資的人大都是股市高手，往後要再有大規模的多殺多，已經不太可能發生。

　　很多人以為多頭市場賺的比較多，答案不是這樣的，它跟你持股時間周期有關，在**股價暴跌後的週線 C 波，才是最好賺錢的一波**，往往此位置也是**巨浪 A 或 C 波，靠近 10 年線位置，是十年的平均成本。**

　　參考下圖說明：加權指數月線。

　　巨浪 A 或 C 波，靠近 10 年線位置，是十年的平均成本，對存股的人來說，才是介入買進時機，當然對所有人也都是重押買進，長期抱牢的最佳買點，時間無法預知。

　　一般來說牛市慢慢漲了幾年後，遇到大災難才會來的，所謂危機就是危險加機會，要躲的過危險災難，之後才有大豐收的機會，老天造化弄人，每天看盤的職業投資人是很難躲得過的。如同大樓失火（股災），你在現場（有持股），不是很危險嗎，如果你在對面喝咖

啡,就可以輕鬆應對。股票操作不可兒戲,如同在經營事業,年成長30%,你告訴我台灣上市公司,有哪一家公司可以連續十年,保持 30% 的成長。

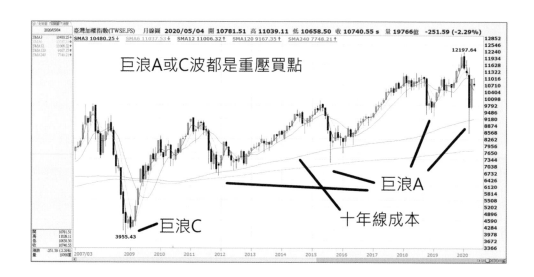

大浪週線上的**資金持股比重**

如圖所示,加權指數週線位置。

台股平均每年有兩次以上週線大買點,要好好把握住。

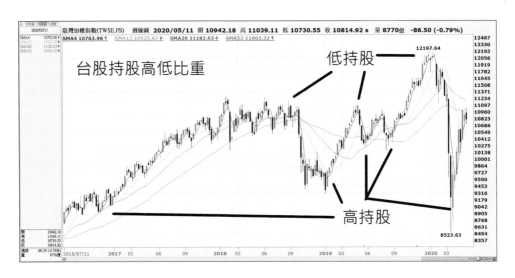

大浪週線上的波浪買賣 123 法則

如圖所示 4171 瑞基 週線。

股票操作重當下題材，當新冠肺炎瀰漫全球時，危機就是轉機，造就飆股。

只要在 2 法則位置買進，一波周線 3 法則就漲 5 倍，是今年第一大飆股。

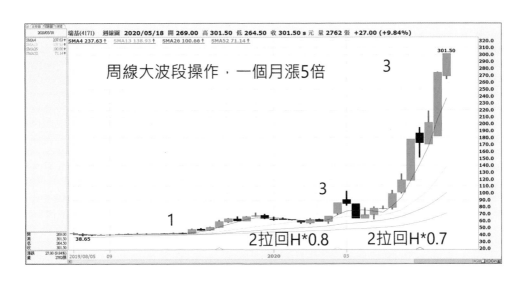

小浪日線上的波浪買賣 123 法則

如圖所示　3373 熱映　日線。

2法則都是買點，拉回2成或3成空間，不破月線，3法則會過前高，反而要注意過高後的賣點，因為過高後暴量又要拉回作 2 法則。

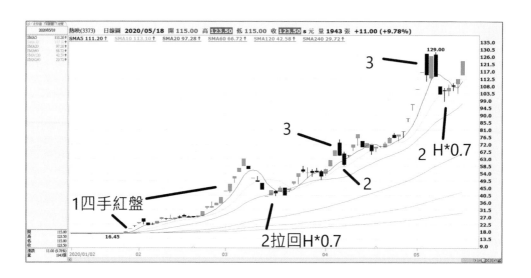

細微波的應用，10 分鐘線可以在期貨當沖上幫助很大，可以參考第十三章　〈期貨當沖操作：分時線與移動平均線運用〉。

第二節　股票的波浪定位判斷

大多數投資人，都說要波段操作，那又如何操作

　　首先就是要了解這檔股票的位置，在巨浪月線，大浪週線，小浪日線中的位置，如同 GPS 導航，定位對了，可以找到一條快速道路回家，定位錯了也沒關係，只要方向做對，頂多繞個遠路，還是可以到家。天機圖的**多頭操作 123 法則──一波比一波高，低買高賣**是勝率 100% 的定律，定位錯了，照樣可以做對，平安回家。

　　專注在日線上就可以，沿月線操作，一底比一底高，當過不了前波高，就會破前波低，不要去管，去數主升段或是末升段，更不要把艾略特波浪中，說第四波低點，一定比第三波高，這樣預設立場會把置入危險之中。

　　天機圖的波浪守則只有一條「**一波比一波高，過不了前波高，就會破前波低**」，這是勝率 100% 的定律。

　　應用到的技術分析有，K 線，月線，KD，時間轉折與波浪理論。

　　每一波的轉折點，使用 3K 法，當此波過不了前波高點時，3K 法一跌破就會破前波低的，這是已知，也是定律，有存在的價差與空間可以賺。

下圖是　3227 國巨　週線。

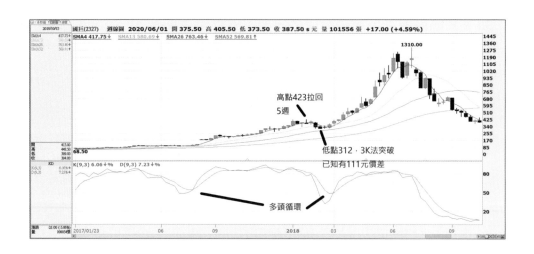

下圖是加權指數 日線 2020 年走勢圖。

大盤在 1 月份跌破月線後，沿著月線走 ABC 法則，3 月份見低點後，一波比一波高，沿著月線走 123 法則，不預設高點，指數從空頭轉向到多頭市場。

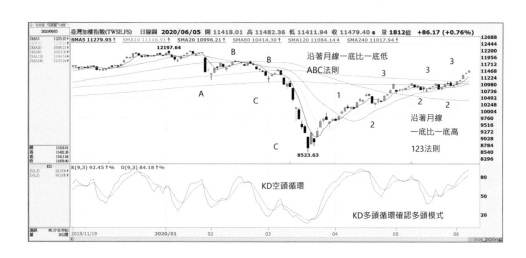

下圖是加權指數 週線大浪 2017--2020 年走勢圖。

大盤沿著年線，走一波比一波高的 123 法則，KD 多頭循環，確認指數會再過新高。2020 年 2 月份指數跌破前波低點，走 ABC 法則。

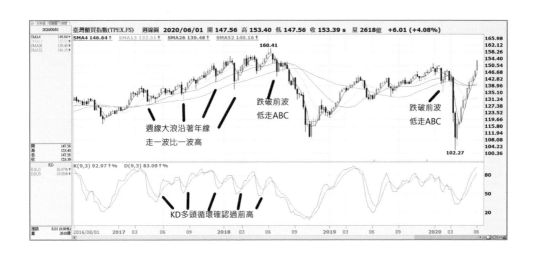

下圖是 3661 世芯 日線 2019-2020 年走勢圖

2019 年沿著月線走 123 法則，每次拉回 5-8 天，很標準多頭模式，2020 年 1 月

當股價過不了前波高時，3K 法一跌破必破前波低。

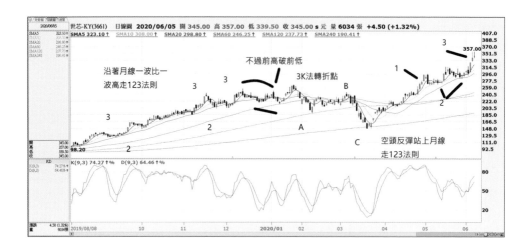

　　下圖是 2330 台積電　週線大浪　2016-2018 年一波比一波高，在 2018 年 3 月高點 259 沒過前高 266 元，3K 法跌破，必破前低。

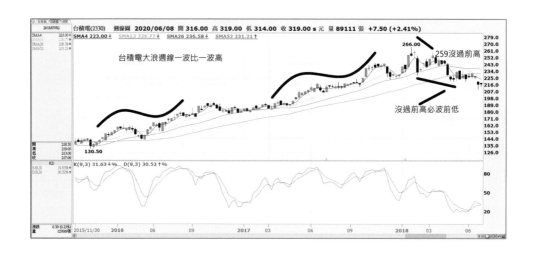

第六章

個股漲跌幅關卡表

　　經過長期的統計，股市個股的漲跌幅，以機率學概論，形成一張密碼表，稱之為目標區關卡表。

第一節　多頭市場的回檔波──2 法則

2 法則：多頭回檔

H*0.8　強勢股拉回支撐區　（80% 機率再過前高）

H*0.7　重要多頭關卡　（跌破此關卡，將跌向空頭第一目標區）

　　多頭漲多之後，籌碼凌亂鬆動，拉回很正常，讓短期投資人獲利下車，也讓成交量萎縮，主力順勢作個時間波整理，一般約 5-8 天，最多不可超過 13 天，也讓新的投資人上車，墊高大家的成本。強勢股拉回支撐區約 2 成，H*0.8，整理過後，80% 機率再過前高，若是遇到國際股市重挫，也必須守在 H*0.7 位置，這裡是多頭重要關卡，若是守住了，多頭也要花 1-2 個月整理，才有能力在過新高。

　　例如這波高點是 100 元，拉回幅度 2 成，必須守在 80 元附近，整理洗完盤後，會再突破 100 元以上，拉回幅度若是 3 成，整理時間拉長，但是長期上升不變，仍會再過新高。

如下圖所示：2330 台積電。

走十年多頭，股價從 60 元漲到 346 元，漲幅 5.7 倍，沒有一次拉回超過 H*0.7 位置，到目前都還沒漲完。

如下圖所示：2327 國巨

走兩年的多頭，股價從 56 元漲到 1310 元，漲幅 23 倍，沒有一次拉回超過 H*0.7 位置。

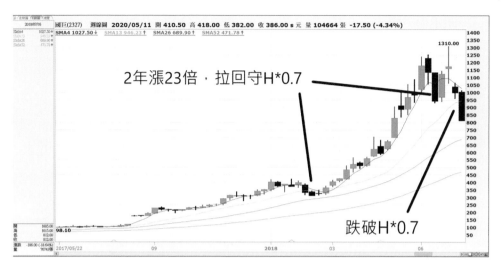

空頭下跌波：ABC 法則

A 或 C 法則：空頭下跌波
H*0.5 空頭第一目標區（80% 機率）
H*0.25 多頭重複價格區買點（90% 機率）財報地雷股例外

多頭原本漲多拉回，遇到國際股市重挫，回檔變回跌，最後演變成多殺多，多頭重要關卡 H*0.7 位置失守，主力棄守，融資斷頭浮額殺出，股價會跌到空頭第一目標區。H*0.5 位置，有 80% 機率會來，但這個位置不是支撐，不一定守的住，低點還會更低，若是空頭殺紅眼，無厘頭跌到 H*0.25 多頭重複價格區買點，哪就要反向作多，此位置不一定是最低點，它是多頭的重複價格區，意思是從這位置往下買，90% 機率通通都是賺錢的。但是有但書，公司必須賺錢的，不可以是財報地雷股，如假財報，掏空公司等。

如下圖所示：3008 大立光（日）　100 年 7 月　1005 元跌到 466 元。

　　如下圖所示：2327 國巨　107 年 7 月，每個月 eps=10 元，是賺大錢公司。

　　107 年 7 月股價創下 1310 元高點，隨後股價跌破 H*0.7 位置失守，（1310*0.7=917）

　　股價就像溜滑梯一般，跌到 H*0.5 位置也不守（1310*0.5=655），最終止跌位置在 240 元，若是你在 H*0.25 多頭重複價格區往下買進，（1310*0.25=327），隔半年後價格來到 498 元。

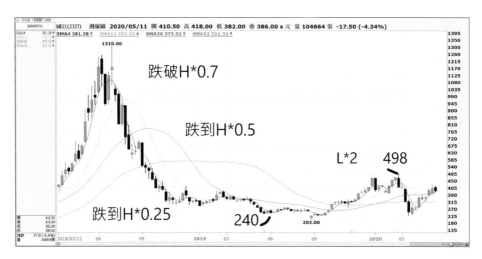

如下圖所示：6452 康友　105.106.107 年年 eps=13 元，賺錢很穩定公司，107 年 10 月，台股大跌 2000 點，此股主力融資被斷頭，股價從最高 538 元，跌到剛好

H*0.25 多頭重複價格區買點，（538*0.25=125），最低就是 125 元，隔年反彈到 282 元，漲了一倍。

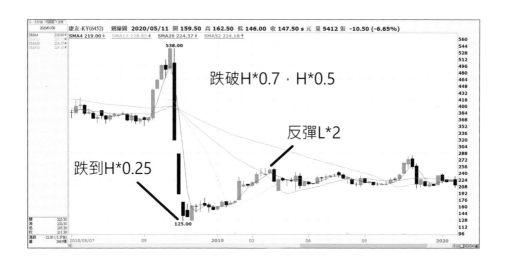

空頭的反彈波

B 法則

L*1.2 弱勢股反彈（70% 機率再破底）

L*1.3 重要空頭關卡（突波此關卡，股價攻向多頭第一目標區）

空頭跌深了，自然就會反彈，股價從這波低點，只反彈 2 成的話，都是屬於弱勢反彈，70% 機率會再破底，若是反彈 3 成，就會面臨到解套與短線獲利賣壓，L*1.3 是重要空頭關卡，需帶量才能有效突破，此位置壓力特別大，空頭只要守住此位置，趨勢仍由空方掌控，股價仍有破底危機，多頭頂多築底或盤底。

例如股價從 250 元，跌到 100 元，只反彈到 120 元就開始下跌，（反彈 2 成），那 100 元不是低點，有 70% 機率會再破底。假如股價從 100 元反彈到 130 元，L*1.3，重要空頭關卡守住，股價 100 元都有可能再破底，或多方開始築底。

如下圖所示：6150 撼訊　日線

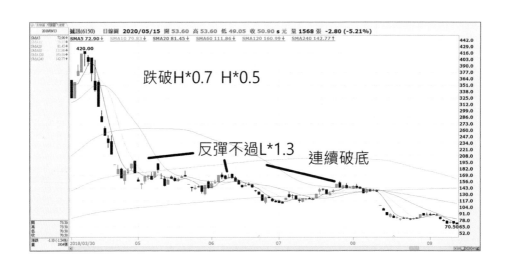

第二節　空頭反彈變回升行情

1 或 3 法則

L*1.5 多頭第一目標區（90% 機率）

L*1.625 小型股目標區

L*2 多頭第二目標區（80% 機率）

L*3—5—10 配合 2 法則公式

空頭反彈波，L*1.3，漲 3 成是重要空頭關卡位置，多頭需帶量才能有效突破，突破後（90% 機率）會快速漲到多頭第一目標區，即反彈 5 成位置，此處不是壓力區，仍可以繼續漲，變成回升行情。

底部區 K 線若是來個三手，四手紅盤（page101），股價有 80% 機率會漲一倍，L*2，來到多頭第二目標區，一般來到此位置後，籌碼會開始凌亂，主力會開始洗盤，讓股價拉回 2 成，整理完繼續再漲。漲三倍，五倍都有可能。

如下圖所示：4743 合一 日線 從低點反彈 L*1.3，突破後 L*1.5 馬上到，後面發生四手紅盤，股價 L*2 以上。

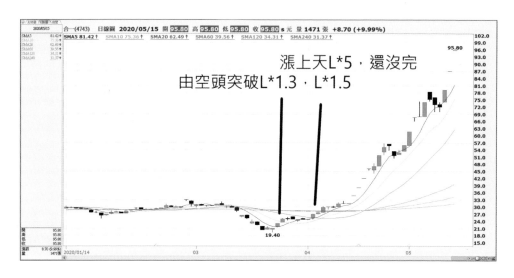

如下圖所示：1325 恆大 日線 股價每次拉回守住 H*0.7，H*0.8 位置。

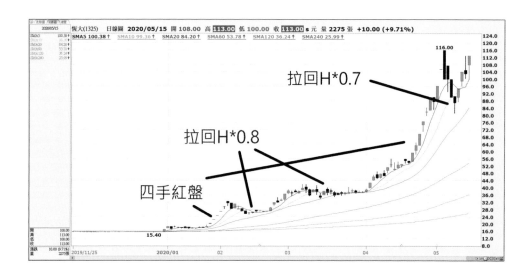

下圖 3673F-TPK　（日線）　101 年 5 月從 248 元漲到 536 元

第三節　幅度控制法

　　長線投資人操作上，使用幅度控制法，來檢驗股價上漲趨勢，方向是否改變，也可以拉回加碼，長期持有，只要豐富題材，都有倍數漲幅。此法不考慮時間問題，單純用股價震盪幅度來控制買賣。

　　股票從大浪 C 波開始上漲，L*1.3 突破後股價很快來到 L*1.5 位置，不管時間問題，股價會一直上漲，只要拉回幅度不跌破 H*0.7，都可以加碼或續抱，長期持有。選股注重明星題材，營收成長性大於 20% 以上的個股。

　　下圖是 2330 台積電 月線 10 年來慢慢漲，遇到大利空拉回幅度都小於 H*0.7 位置，也是加碼位置。10 年漲幅達 7 倍。

　　下圖是 2327 國巨 週線 2017 年 8 月開始 3K 法突破買進，一路上漲持有抱牢，遇到利空拉回守住 H*0.7 位置，一年漲 8 倍，使用幅度

控制法才可能長抱，不然很容易被洗出場。2018 年 7 月，股價跌破
H*0.7 位置，這時必須要賣出，不然股價會腰斬。

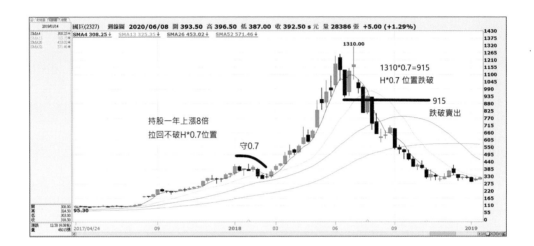

第七章

穩賺不賠方法：趨勢線的妙用

第一節　何謂趨勢線

技術分析裡的 K 線，每天交易四個半小時，分時走勢所形成的開高低收四個價記錄今天走勢，稱為日線 K 線，連續記錄更長周期的 K 線，稱之連續 K 線，它的強度大於單一 K 線，會發現價格形成向上或向下的趨勢，我們再把時間周期放大到一年，更會發現有短期趨勢與長期趨勢。

在這一年的線裡，把每一波段的高點，和下一波的高點，連成一線，稱為下降趨勢線，把每一波段的低點，和下一波的低點，連成一線，稱為上升趨勢線。

時間間隔在三個月內的趨勢線，稱為短期趨勢線，時間間隔在三個月內的趨勢線，稱為短期趨勢線，時間間隔在三個月以上或更長的趨勢線，稱為長期趨勢線。

時間越長，趨勢就越明確。

趨勢線判斷買賣時機：
1. 漲勢上升趨勢中，向下跌破「上升趨勢線」形成賣出訊號。
2. 跌勢下降趨勢中，向上突破「下將趨勢線」形成買點訊號。

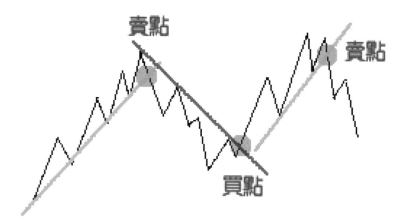

賣點

賣點

買點

Chad. C

第二節　天機圖中趨勢線的用法公式：勝率近 100%

技術分析穩賺不賠公式：

A. 股價突破下降趨勢線（45 度）。

B. 股價站上季線 MA60。

C. 成交量大於 MV44。

D. 要重壓，長期抱牢，大行情來臨漲升時間長達 6 個月以上。

下圖是天機圖第二張圖，勝率近 100%。

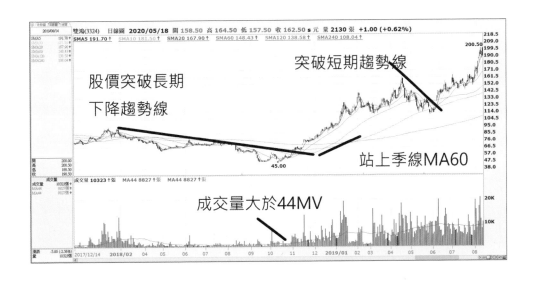

突破下降趨勢線後，有三種上升型式

突破下降趨勢線，分為突破長期趨勢，還是短期趨勢，原則上股價方向改變後，都會上漲，只是上漲的時間不同，漲幅也不同。

突破長期下降趨勢，甚至是數年的下降趨勢，代表這股票產業開始復甦，業績會慢慢上揚，但是股價會領先基本面，往後的上漲趨勢明確，甚至達數年之久，所以要重押持股，長期投資。

突破長期下降趨勢後，股價會上漲，但是股價漲高漲久後，會拉回作中期修正，等到修正完畢，又會突破短期下降趨勢，重新回到原先長期上升趨勢中。

如上圖所示：

A. 60 度上漲模式：最可怕的漲勢

股價突破長期下降趨勢後，日線上呈現四手紅盤，跳空等強勢攻擊，股價會站上季線 MA60，週線 3K 法也會突破，使用周線操作，若是操作日線很容易被洗出去，最重要的就是要重押與長期抱牢，股價會漲了一倍又一倍。

下圖說明：大盤加權指數（日）85 年 4 月四手紅盤後，指數從 4474 點漲到 10256 點，漲 15 個月。

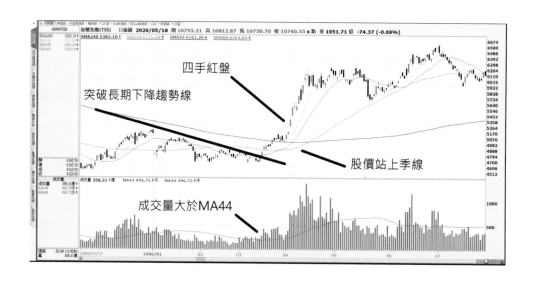

個股範例：可參考 108 年四手紅盤股是如何強勢的

1 月 3324 雙鴻 2 月 1795 美時 3 月 3293 鈊象 4 月 3131 家登。

5 月 1736 喬山 6 月 8086 宏捷科 7 月 4968 力積 8 月 3338 泰碩。

9 月 3661 世芯 10 月 3374 精材 11 月 4973 廣穎 12 月 6531 愛普。

下圖舉例今年 2020 年最強股票：1325 恆大 月線圖，5 個月漲 10 倍。

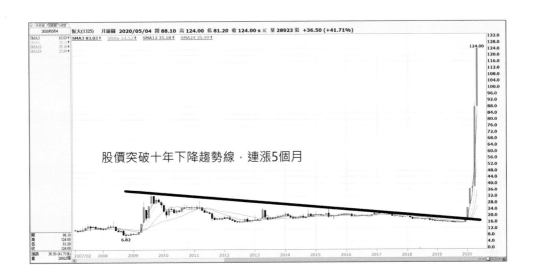

下圖是：1325　恆大　日線

當股價在 2020 年 1 月份，股價突破長期下降趨勢後，日線上呈現 6 根跳空漲停強勢攻擊，馬上被交易所分盤交易，這好像是在報明牌，拉回不跌破 $H*0.7$ 位置，整理後繼續攻擊，股價不斷的創新高，每次拉回都守住月線和 $H*0.7$ 位置，短短 5 個月漲了十倍。

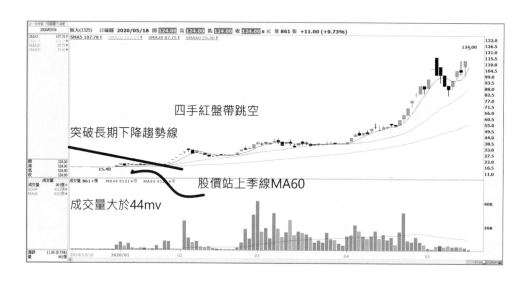

四手紅盤帶跳空

突破長期下降趨勢線

股價站上季線MA60

成交量大於44mv

B.45 度整理盤堅上漲：（最常見到）

　　股價突破長期下降趨勢後，日線上 K 線會呈現帶量大漲，然後進入整理緩漲，盤堅走勢，量大量縮自如，45 度上漲，這是最常見到的走勢。當漲高後成交量放大，波段高點也隨之出現，股價自然會拉回整理，時間波的計算，後面章節再說明，等到整理結束，股價再一次突破下降趨勢線，會再突破前一波高點，這就是股價上漲原理，期指的操作與個股不同，期指是大型股，與 OTC 小型股輪動時間不同，後面再來討論，總括一句，股價突破長期下降趨勢後，一定要重押，長期抱牢，這是最重要的，選股反倒是次要。

　　下圖　加權指數（日）　95 年 4 月　45 度整理盤堅上漲。

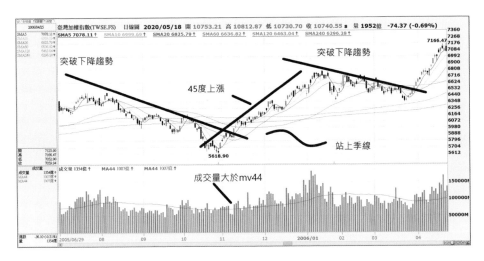

C.上漲角度小於 45 度

下圖是當指數（週線）突破長期下降趨勢後，股價上漲緩慢，上漲角度小於 45 度，代表股價脫離空頭市場無疑，可是產業還不到曙光，雜音多，財報基本面也沒有成長，股價上漲成交量放不出來，股價上下震盪拉長整理時間，波浪還是一波比一波高，上漲趨勢不變，只是緩慢而已。

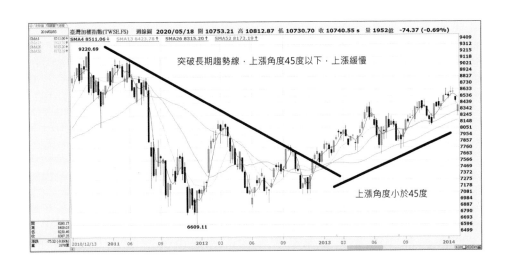

下圖是加權（日）　2012 年 2 月

指數先行突破短期下降趨勢線，但是成交量暴增過大，年線壓力也站不穩，股價跌破短期上升趨勢而再度拉回，前波低點會測試能否站穩，一旦不破前低，往後股價會再上漲來突破年線，等到突破長期下降趨勢線，站上年線，就能確認股價已經脫離空頭市場，展開一波多頭市場行情。

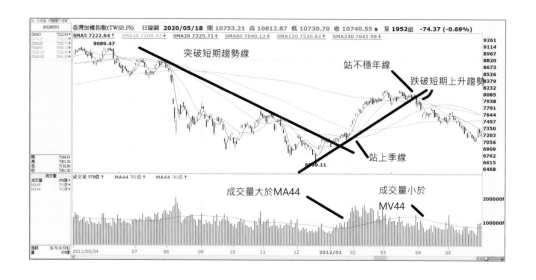

上升趨勢線的跌破

股價漲高漲久了，自然會遇到反壓或是利空襲擊，拉回量縮，盤整完就會再攻擊，若不能再過前高就要特別注意是否跌破前低，形成 ABC 波的修正，修正股價也修正時間，就是俗稱的中段整理。H*0.7 位置要守住，季線也要守住。

通常日 K 線圖中，跌破月線時，要注意短期上升趨勢是否也跌破，

跌破季線時，長期上升趨勢是否也跟著跌破。當然都是賣出訊號。長期上升趨勢最重要，週K線上要產生一條趨勢線都要經過好久的時間，當它跌破時，都有一波跌幅空間，也要一段時間下跌。

　　如下圖：加權指數6年來的長期趨勢線，每一條線要花一年以上時間產生，所以說趨勢不容易改變，一旦改變，短時間不會再改變。

　　當長期上升趨勢線跌破時，往後都還有1500—2000點以上跌幅。

　　當長期下降趨勢線突破時，前高會過，都還有數千點漲幅。

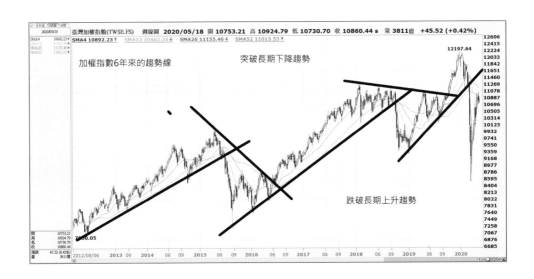

　　下圖是加權指數日線，記錄短期趨勢線的突破與跌破，實務的操作上以日線為主，存股或上班族，長期投資的人才操作週線。當然使用日線來避開風險，停損停利最好，到了周線跌破上升趨勢再停損，距離前波高點都有2-3成的跌幅，如果還不停損，不按表操課，是不適合投資股票的。

　　簡單說股價跌破上升趨勢，都會出現 ABC 波，很容易發現的，只是短線操作的人會忽略未來的下跌危機，顧著搶短反而看不清整體的大趨勢。

　　趨勢線最重要的觀念：**趨勢不容易改變，一旦改變，短時間不會再改變。**

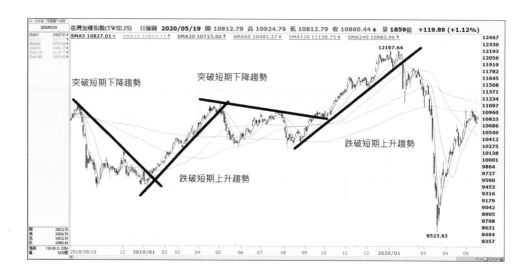

第三節　趨勢線的特性

1. 沒有騙線，只有漲多漲少的問題。

　　有量漲多無量漲少，追價力越強，未來上漲空間越大，這點非常重要。

2. K 線兩峰連線，突破長期下降趨勢線，兩峰的時間越長，上漲趨勢就越準，越明確。上漲時間也會越久。

3. 週線起漲要抱牢

　　突破長期下降趨勢線時，特別是在空頭市場轉向到多頭市場，技術上 K 線會產生周線 3K 法突破，這時是你一年裡最重要賺大錢的時候，必須學習駱駝精神——耐心，恆心和毅力，長期抱牢，更要有豹子膽，重押股票。

4. 強勢漲停要追價，四手紅盤可能為飆馬股（主力股）

　　剛突破下降趨勢線，股價會轉強，若能強勢漲停就要去追價，作多的基礎在追價力，盤中有拉回就可進場，在 1 法則裡，這裡都是長線的低檔區，3 法則才是高檔區，可以等股價拉回到移動平均線 MA10，MA20，再買進。

5. 要敢重押，資金加碼要放大

　　個性比較保守的人，一下子要重押可能作不到，可以把資金三分法，先買一檔，等獲利 5% 後，再加碼 1/3，又有獲利再

全投入，這樣的進場方式，應該可以做到，千萬不要資金分十份，買十檔股票，有風險時要賣都來不及。保守的人，少在盤中沖沖樂，每天盯盤很容易被洗掉，或者一暴量就被嚇出來，要再切入找買點就更難，因為買點已經過去。

第四節　趨勢線的買賣應用

1. 突破下降趨勢線反壓，可追價買進，股價拉回後仍可買進。

2. 跌破上升趨勢線，任何反彈拉高都要賣出或放空。

下圖是 3680 家登 日線 突破或跌破趨勢線的結果不同。

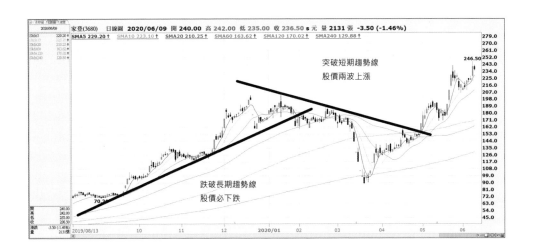

3. 突破型態，頸線壓力要買進，帶量更要加碼買進。

4. 跌破長期頸線支撐要賣出或放空。

下圖是 3687 歐買尬　日線。

帶量突破 V 型頸線，要迅速買進，是趨勢線的另一種突破方式。

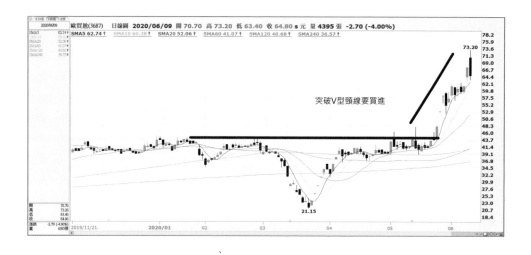

5. 上升趨勢線不變，突破整理區，加碼買進。

6. 下降趨勢線不變，跌破整理區要賣出。

7. K 線打底完成要買進，可依照型態買點。

8. 股價跌破 K 線型態頸線要賣出。

第八章

PT 線：支撐與壓力：賣在最高的那一天

PT 線（Press and supporT），代表支撐與壓力線，目的在預測明日指數或個股的支撐與壓力線。

第一節　PT 線公式

1.作多的基礎在追價力。如何了解個股或大盤指數，明天是否有追價力或追殺力，以前一天的 K 線的開、高、低、收四個價位，代入公式後所產生的 P 值與 T 值，代表支撐與壓力。

2. PT 線公式

壓力 P＝C＋（（O＋H＋L＋C）／4 - L）
支撐 T＝C -（（O＋H＋L＋C）／4 - L）
突破 P 線表示追價力強，跌破 T 線表示追殺力強。

此公式要使用軟體的自訂指標公式功能，才有辦法計算，故借用券商軟體都有提供的（CDP）超短線逆勢操作法來代替 PT 線。

PT 線公式與 CDP 不相同 。但是個股的支撐或壓力，因數值小，兩者數值相差不大，使用 CDP 就可以。

PT 線公式，在期貨指數上，指數是五位數，與 CDP 數值誤差達幾十點。必須要用智慧選股，自訂公式才行。

操作上不管是指數或是個股，突破 P 值壓力線，成交量放大，代表追價力強，股票大漲，相反的，當個股跌破 T 值支撐線，代表追殺力強，股票大跌。

3. 超短線逆勢操作法（CDP）代替 PT 線

CDP 為美國一度流行的期貨交易超短線操作法，中文譯稱為「逆勢操作法」。理論基礎認為，指數或個股的開盤價具有相當意義，開平盤、開高盤或是開低盤，都會影響其當天行情的走勢。因此應用前一天最高價、最低價、及收盤價的計算與分析，將本日行情可能變動範圍區分為五個等級，再利用本日開盤價的高低位置，來做為超短線進出的研判標準，應具有參考意義。

CDP 的計算方式

（A）首先求出昨天行情的 CDP 值（又稱均價，註），公式為

$$CDP = \frac{最高價 + 最低價 + 2X\ 收盤價}{4}$$

（B）再分別計算昨天行情的最高值（AH）、近高值（NH）、近低值（NL）及最低值（AL），公式為：
最高值 ＝ CDP ＋（最高價 － 最低價）
近高值 ＝ 2 × CDP － 最低價

近低值 = 2 × CDP － 最高價

最低值 = CDP －（最高價 － 最低價）

註：美國線（bar chart）裡，未將開盤價列入。不同於 K 線。

CDP 買賣原則（參考用，同學要使用線 PT 線原則）

最高值（AH）以該價附近開盤應追價買進

近高值（NH）盤中高於該價時可以賣出

均價（CDP）

近低值（NL）盤中低於該價時可以買進

最低值（AL）以該價附近開盤應追價賣出

突破最高值（AH）確認突破壓力買進。

跌破最低值（AL）確認跌破支撐賣出。

**4.PT 線使用目的，在確認轉折點，買到起漲的第一天，或是賣到
起跌的第一天 。**

K 線漲跌在 2%，不具有決定性的強弱勢，5% 以上才有意義。勝
率 70%。

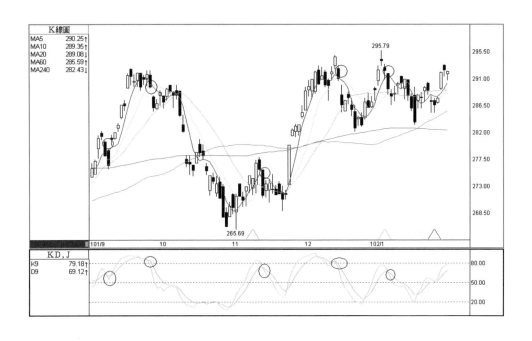

使用方法如下：

A. 起漲後 K 線第一天突破 P 線，是買點或是搶反彈點，KD 值往
  往落後 PT 線，一到兩天後會才交叉向上。反之亦然，K 線第一
  天跌破 T 線，是賣出訊號，KD 值兩天後才會交叉向下。
  PT 線使用與 3K 法略有不同，PT 線是要你買進起漲的那一天，
  也就是轉折點，那一天不一定 3K 法突破。
  電子（日）102 年 1 月，圓圈處代表買賣點。

B. 續二天突破 P 線，要買進。連續二天跌破 T 線，要賣出。
  下圖是 3661 世芯 日線 2020 年 3 月

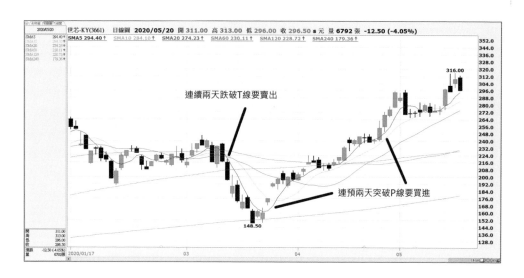

C.週線高檔跌破 T 線要賣出，週線低檔突破 P 線要買進。

　下圖是 4935 茂林 周線

D. 當天突破 P 線後又跌破 T 線要賣出，表示反轉向下。

E. 當天跌破 T 線後又突破 P 線要買進，表示反轉向上。

下圖是 6462 神盾 日線 2018 年

F. 連續二天突破 P 線，要連續二天跌破 T 線，才能轉空頭。連續二天跌破 T 線，要連續二天突破 P 線，才能轉多頭。

G. 突破下降趨勢線週 K 線起漲後，會有連續突破 P 線，當第一次拉回跌破 T 線，可不必賣出，但突破 P 線要買進。

H. 月K線在低檔，突破P線，90%代表指數已經落底。月K線在
　高檔，跌破T線，90%代表指數已經作頭。

下圖是加權指數 月K線

第二節　籌碼分析

基本面是股價走長多的依據。

技術面是決定買賣獲利的時機。

消息面的判讀是你加減碼的確認。

政策面的改變同時也改變產業的興衰。

籌碼面是基本面與技術面的安全保障。

籌碼分析要點：請上網看視頻說明

券商進出表

每檔股票當天交易進出，交易所都會公告，券商軟體也可以查詢出來，各檔股票的成交記錄，在哪一家券商買賣狀況。就是說這檔股票的主力券商是哪一家，只要持續追蹤觀察一兩週以上，主力是否出貨，便可明瞭。

有些軟體可設定日期查詢，省下不少記錄時間。

下圖是 5215 科嘉 2020 年 6 月 5 日，券商進出表，可以發現前三大主力券商在富邦，凱基，元大，再追蹤連續前兩週進出，累積買超最多的在富邦與元大。爾後這兩家券商的賣超是否增加與持續，就代表主力已出貨。

科嘉-KY(5215)券商進出表　2020/6/5

券商	買張	賣張	買超	[illegible]	券商	買張	賣張	賣超	[illegible]
富邦	1298	987	311	0.749%	摩根大通	10	272	-262	-0.631%
凱基	954	736	218	0.525%	元富	329	541	-212	-0.510%
元大	1396	1235	161	0.388%	永豐金	651	835	-184	-0.443%
中國信託	179	68	111	0.267%	群益	362	502	-140	-0.337%
瑞士信貸	210	113	97	0.234%	台灣摩根	47	165	-118	-0.284%
國票綜合	198	110	88	0.212%	華南永昌	233	333	-100	-0.241%
[illegible]	[illegible]	[illegible]	[illegible]	0.178%	大展	7	53	-46	-0.111%
福邦	66	3	63	0.152%	大慶	25	58	-33	-0.079%
玉山	212	154	58	0.140%	土銀	8	40	-32	-0.077%
兆豐	240	201	39	0.094%	美林	135	164	-29	-0.070%
統一	572	540	32	0.077%	新光	244	269	-25	-0.060%
台新	262	238	24	0.058%	台中銀	23	43	-20	-0.048%
國泰綜合	220	201	19	0.046%	企銀	0	16	-16	-0.039%
第一金證	[illegible]	[illegible]	7	0.017%	臺銀	38	52	-14	-0.034%
永全	[illegible]	[illegible]	4	0.010%	日盛	256	268	-12	-0.029%
港商野村	31	27	4	0.010%	北城	0	11	-11	-0.026%
福勝	9	8	1	0.002%	致和	13	23	-10	-0.024%
盈溢	1	0	1	0.002%	大昌	16	25	-9	-0.022%
日茂	1	1	0	0.000%	新百王	1	9	-8	-0.019%
★亞	51	51	0	0.000%	光和	3	9	-6	-0.014%
富隆	2	2	0	0.000%	合庫	103	108	-5	-0.012%
宏遠	18	18	0	0.000%	美商高盛	0	3	-3	-0.007%
自營商	0	0	0	0.000%	安泰	1	4	-3	-0.007%

主力進出主要券商

要注意主力是否在 A 券商買，B 券商賣，甲進乙出。隨著當日沖銷盛行，這種情形已越來越少，已不必要，倒是目前強勢股，當沖週轉率過高 2-3 成，主力要出貨變的容易，只要鎖定主力券商進出就可以。

投信買賣超

投信認養股，有集體買進認養趨勢，投資人趨之若鶩，紛紛跟進，這是不錯的選股方式，又有投信當靠山，籌碼會集中安定，只要不追高，拉回量縮找買點就行了。一般投信不會像自營商，持股都是中期持有的，不會短線進出。所以投信一開始認養就要立即買進跟上，不要等持股高時才進場，為時已晚。

要注意的是水能載舟亦能覆舟，當投信減碼時，股價下跌也會加速，操作上仍以技術分析為主。特別是投信持股已經達到公司股本 15% 時，買爆了動能也開到最高，就要注意股價是否漲不動，開始拉回下跌。

下圖是 6683 雍智　日線　2020 年

投信剛認養 190 元附近，一路買到持有股本 14% 股票，267 元，漲幅 40%。

下圖是 3481 群創 日線 2020 年

投信買超,對於小股本很有效,對大股本就不一定了,投信也有看錯認賠殺出的時候,這是對的,很多投資人不想認賠,反而會賠更多。

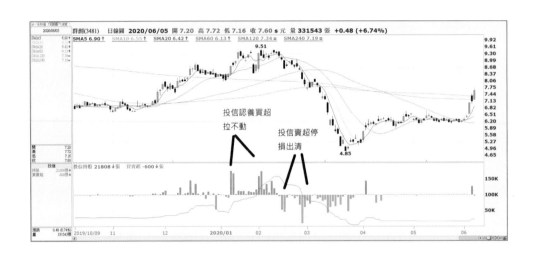

股權分散表

神秘金字塔:股權分散表

網站:https：//norway.twsthr.info/StockHolders.aspx?stock=6683

每週可查詢個股股權變動情況:

1.1000 張大股東持股比,一般都是董監事持股,很少有變動,股價大漲或大跌變動率亦不大,因增加或減持都要經交易所公告,視為重大變動,會影響管理經營層。

2.400 張以上大股東持股比，增加或減少是最直接影響股價的，特別是股價上漲時，必須來查詢大股東持股比是否也增加，不僅籌碼集中到特定人手上，未來股價上漲空間也大。

　　下圖是 6683 雍智 日線 2020 年 3 月 400 張以上大股東持股比增加，從 29.5% 升到 35.2%，股價從 170 元漲到 267 元，漲幅 50%。

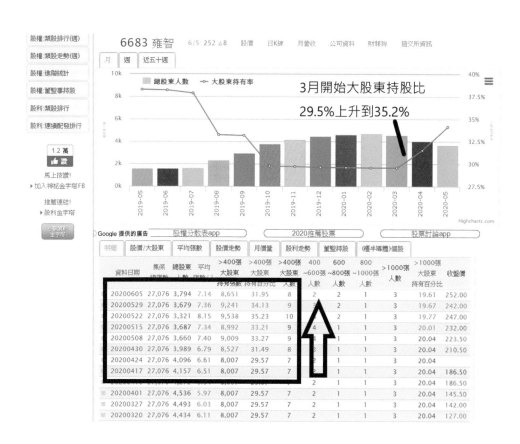

主力股

天機圖操作選股重心放在主力股，主力可能是投信，外資，公司派，大戶，投顧，中實戶等，當你發現股價 K 線表現強勢時，你必須趕快查詢上述三個方法裡的籌碼分析，再確認股性是否符合你喜歡的類型，就可馬上進場，或是拉回時才進場。

只要是主力股往往都有倍數行情，外資股除外（大型股），他們會負責造量，只要財報尚未呈現大成長之前，拉回都是找買點，（技術面領先基本面 3-6 個月），切勿財報公佈後才進場，淪為被出貨的對象。

主力股不怕大盤指數重挫，有他們支撐股價，在他們還沒出貨前，都很安全，除非指數走入空頭市場，只要按照天機圖關卡表操作，主力股的操作是投報率最高的。

下圖是 3680 家登 日線 2020 年 主力股代表作。

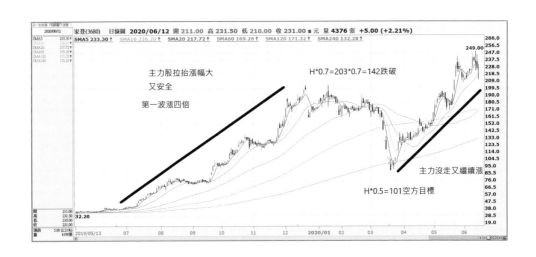

第九章

移動平均線買賣法

這章節要說明的是天機圖操盤法裡，是如何使用移動平均線買賣法。

移動平均線的原理與計算公式，請自行參考其他書籍。

第一節　移動平均線的種類

依時間長短可分為：短期移動平均線，中期移動平均線，及長期移動平均線。

A. 短期移動平均線

一般都以五天（MA5）及十天（MA10）為計算期間，代表一週的平均價，可做為短線進出的依據。**飆股都是沿著移動平均線五天（MA5）及十天（MA10）上漲，拉回到十天（MA10）就要進場買進，** 這點非常重要。

移動平均線十天（MA10）：又稱波段線，作波段的可依此位置設停利點，飆股在此位置就是買點。

下圖是 4171 瑞基　日線　2020 年 4 月

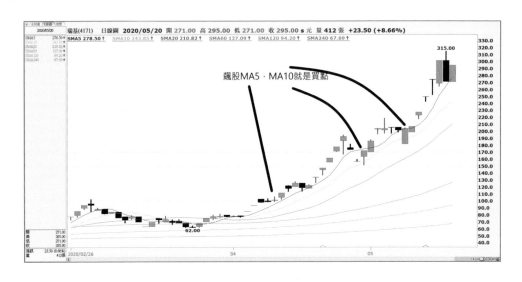

飆股MA5，MA10就是買點

B. 中期移動平均線

　　大多以二十日為準，稱為移動平均線月線（MA20），代表一個月的平均價成本。天機圖裡小浪以此月線為買點，不可跌破，跌破會拉回作時間波與空間波修正，修正可達 2-3 成。

　　下圖是加權指數　日線

　　指數沿著 MA20 上升，靠近月線就是買點，等到小浪漲高漲久了，股價自會拉回破月線，跌破上升趨勢線，作 ABC 波修正。

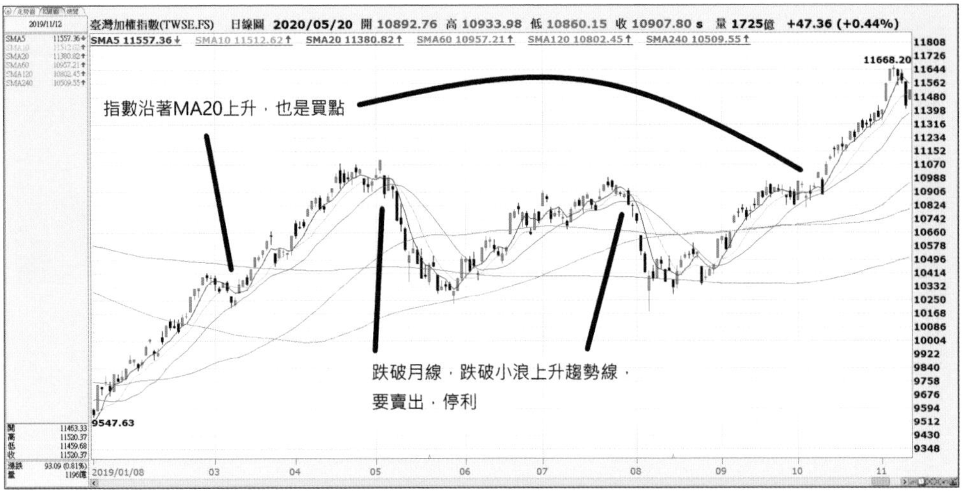

六十日移動平均線，稱季線（MA60），又叫生命線。跌破的話，代表 3 個月買的人都套牢，股價會向年線修正，不可不防。當跌破季線，週線的中期上升趨勢線可能跌破，會作更久時間更大跌幅的修正，同時市場上利空不斷，逼你砍掉停損。所以在跌破月線時，就該忍痛小賠出場，以免跌破季線後，那就是重傷，要送加護病房。

下圖是加權指數　日線　2020 年 2 月

指數跌破月線，要賣出，跌破季線，跌破長期趨勢線，長期投資人更要作停損動作。

C. 長期移動平均線

在歐美股市技術分析所採用的長期移動平均線，多以二百天為準。因為經過美國投資專家葛南維，研究與試驗移動平均線系統後，認為二百日移動平均線最具代表性，**在國內則是以年線二百四十天（MA240）為準。** 大戶，實戶與做手操作股票時，參考的重要指標，移動平均線若跌破年線，代表此個股基本面已走入空頭。

五條移動平均線全面向上，稱為五瓣開花，代表未來將開始走長期多頭市場，要趕快進場大量持有股票，長期抱牢。勝率近 100%。

下圖是 4171 瑞基　日線
移動平均線五瓣開花，股價 20 元，漲到 300 元。

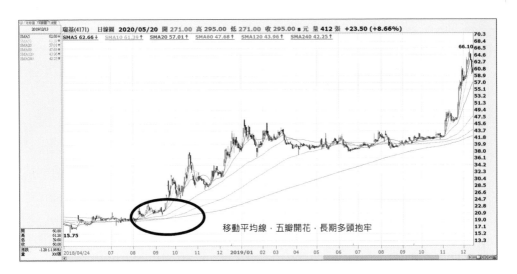

移動平均線，五瓣開花，長期多頭抱牢

五條移動平均線全面向下，稱五雷轟頂，大災難要來了，最少有六個月的空頭市場。

下圖是 8436 大江　日線

移動平均線五雷轟頂，股價從 470 元，跌到 148 元。

移動平均線五雷轟頂，股價大跌

第二節　移動平均線特性

A.方向性（下一個支撐與壓力方向）

移動平均線能夠表示股價趨勢的方向，所以具有趨勢的性質。

移動平均線不像日線會起起落落的震盪。而是起落相當平穩。向上的通常緩緩向上，向下的通常會緩緩向下。

當股價跌破 MA10，就會向下尋求的 MA20 月線的支撐，當股價跌破 MA60 季線，就會向下尋求的 MA240 年線的支撐。

空頭轉向多頭時，亦是一關關克服，先克服 MA10，月線再攻季線。

下圖是 2330 台積電　日線　2019—2020 年走勢。

B. 成本與時間問題

當股價跌破月線 MA20 時，代表過去一個月內投資的人套牢，股價自會向下尋求支撐，若是季線有守，整理修正時間也要花一個月，這是成本與時間問題，想降低成本的人，可在月線賣出，季線買回。萬一在月線賣出後，連季線也不守，直接下墜到年線，那風險就避開了。因此要養成習慣，**跌破月線與上升趨勢線時，要賣出一趟，先避開風險，再來談增加利潤。**

股價從高檔跌到年線，會有很強的支撐，不會一次就跌破，所以**年線是一個搶反彈點，但也只是短線反彈，常常會反覆測試，如果連年線都跌破，股價就落入空頭市場。**

C. 助漲力與助跌力：扣抵位置

股價從平均線下方向上突破，平均線也開始向右上方移動，可以看做是多頭支撐線，股價回跌至平均線附近，自然會產生支撐力量，短期平均線向上移動速度較快，中長期平均線回上移動速度較慢，但都表示一定期間內平均成本增加，賣方力量若稍強於買方，股價回跌至平均線附近，便是買進時機，這是平均線的助漲功效，直到股價上升緩慢或回跌，平均線開始減速移動，股價再回至平均線附近，平均線失去助漲效能，將有重返平均線下方的趨勢，最好不要買進。

現在的股票軟體，都有標示**扣抵位置，（三角形記號）**，很容易分辨，如季線 MA60，下圖告訴我們三角形記號在往後一個月裡，開始扣抵向下的趨勢位置，若是股價在此位置不跌的話，兩週後就會產

生季線的助漲力，對多頭非常有利。

下圖是加權指數　日線　2020 年走勢

三角形位置是季線扣抵位置
兩周後一路扣抵向下位置，
形成季線的助漲力

第三節　移動平均線買賣法：天機圖不使用葛藍畢八大法則

1.在上漲波：123 法則使用方式

法則 1：強勢股，飆股，拉回買在波段線 MA10，月線 MA 20。股票不急於賣出，有拉回還要再買，C 波才尋賣出點。

法則 2：股價已經跌破月線，要賣出，換股時機，表示周 KD 已經交叉向下，單股操作者，支撐買在季線 MA60， 或是買在 H*0.8，或是 H*0.7 位置，最好是賣出弱勢個股轉換到 2-3 法則個股， 買進剛突破週線 3K 法者，或領先過新高的股票。 當然 2 法則要作多，要先確認這次拉回只是多頭市場裡的中期修正，不是轉向進入空頭市場。

下圖是 加權 日線 2016 年走勢

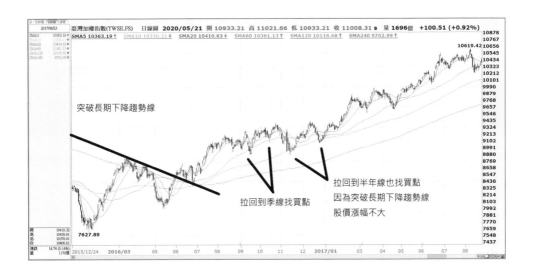

法則 3：股價會突破前波高點，過高後要注意是否量價背離，KD 背離拉回整理，當指數過前高後，反而要買落後股，買股價日線剛剛 3K 法突破的個股，專業投資人要每天作功課，才會知道是哪些股票，這就是股票的輪漲性。

若指數從高檔回檔，PT 線很快就跌破，**拉回二，三天就跌破月線 MA20**，可能引發大回檔，走 ABA 法則，反彈都要作賣出。

大黃金交叉（**五瓣開花**）買進要長抱，大死亡交叉（**五雷轟頂**）要賣出放空。

在下跌波：ABC 法則時，使用方式

法則 A：多頭股價一波比一波高，但總有回跌的時候，當跌破前一波低點，反彈是給你賣的，因為股價跌破月線，短期的上升趨勢可能也跟著破，會向季線找尋支撐，若是跌破季線 MA60，就要看大浪的週線上升趨勢線是否跌破，任何反彈都可以放空，因為下個支撐在年線。

法則 B：股票跌到季線有支撐會反彈，但反彈是給你賣的，若是跌破季線 MA60，就可以放空，大多數人會在季線搶反彈，但是手腳要快，若是季線要站穩必須克服 MA5，MA10，站上月線 MA20 後，才是重回多頭懷抱，又開始作多。

總之季線搶短要作短線，長期趨勢破了一定要放空。

下圖是　加權指數　日線　2020 年

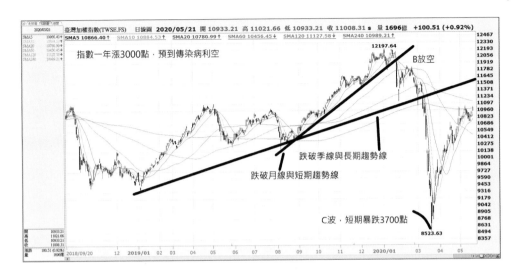

法則 C：多頭市場的回檔，季線會守的住，C 波就是在季線附近，但是長期趨勢破了一定要放空。股價的下跌向年線，此處會有強大支撐，空方先在此處回補融券，若是利空嚴重，也會一次性殺破年線，此處都是 C 波，可靜待反彈到 10 日線或是月線再行放空，這裡是 B 波空點，會再跌破前波低，放空 B 法則放空時可以選擇領先破底股或是弱勢股，但不可 C 波破底時去追空股票。

下圖是 加權指數 日線 2015 年走勢。

當股價跌破季線，又跌破長期趨勢線，任何反彈到 B 波，MA10，MA20 都可以放空。

2.空頭市場放空重勢，強烈的追殺力──五雷轟頂，九死一生

空頭型態模式：技術面有下列情況。

1. KD 在 20 之下空頭循環與空頭鈍化。

2. 高點整理或回檔，超過 13 日無法再創新高，人氣被消耗殆盡，可配合跌破 3K 法使用。

3. 高檔陰線吞噬，長黑爆量，易反轉向下，或是高檔四手黑盤。

4. M 頭，圓弧頂，雙重頂，三重頂等型態。

5. 跌破長期上升趨勢線，跌破 MA60 季線，反彈成交量小於 MV44。形成下殺有量，反彈無量。

6. 五條移動平均線全向下稱五雷轟頂，大災難要來了，不放空沒有關係，一定要避開風險。最怕的是，指數還沒有落底，就急著去搶股票，搶了一缸子，等未來開始反彈，只有等解套的份。

7. <u>作多的基礎在追價力，作空的基礎在追殺力。選擇在高檔時評估作多好賺還是作空好賺，觀察期以 5 天為一個周期，不可以死多頭，死空頭，永遠都跟市場對作，這樣很不適合在股市生存。</u>

3. 移動平均線的綜合買賣

1. 波段操作，一定要遵守，**股票只要沿著波段線 MA10 上漲，不必賣出**，有時暴量震盪，根本不必驚慌，設好停損停利點就好。
2. 上班族大波段操作，因為沒空看盤，頂多中午休息時間，照顧看一下，**股票只要沿著月線 MA20 上漲，不必賣出**，一個周期有時達 3-4 個月。

   不預設立場，按表操作，投報率都會超過 30%。

   下圖是 3661 世芯 日線 股價沿 MA10.MA20 操作

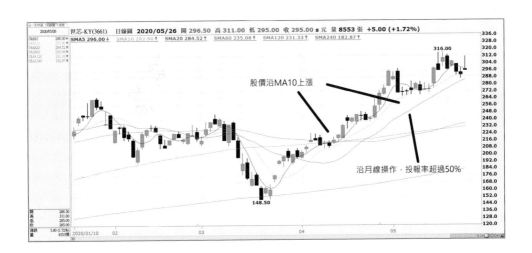

3. 專業投資人，可以選飆股操作。

選四手紅盤，拉回到 MA10 買進，當股價過前波高後，注意 3K
法跌破賣出。

下圖是 3373 熱映 日線 四手紅盤買進，沿 MA10 買進，3K 法跌
破賣出。

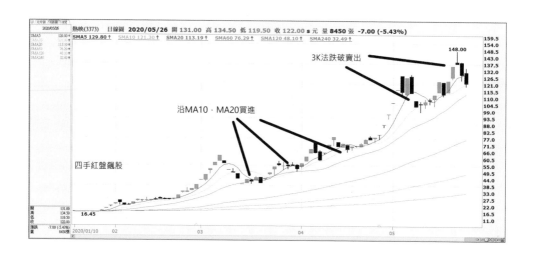

**4.季線是生命線，跌破後往往上升趨勢線也會跌破，必跌無疑
99%，年線是下一個支撐，是重複價格區，是買點，縱然跌破
年線，也會再彈回來。**

下圖是 4935 茂林　日線　跌破季線後，上升趨勢線也會破，跌到
年線是支撐。

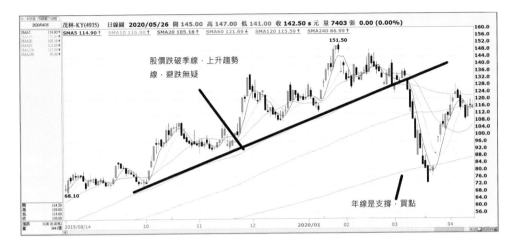

第四節　移動平均線的換股時機

多頭市場，資金不斷湧入股市，月月都有新主流股，資金是聰明錢，不會往阻力反壓大的股票去，就是說上個月漲高的股票，這個月就會休息洗籌碼，換新的主流，這是原理，今年財報佳的公司，股票技術自然會告訴你，等到下個月初才見到月報營收好，股價已經漲翻天，買不下手了。

因此大盤指數拉回到月線就是換股時機，只要是多頭市場，股票是輪漲的，怎麼有效率換到飆股，就是一門學問。

下圖是加權日線 2019 年走勢圖，當指數拉回到月線，或是季線，年線都會有飆股出現。

公式＝低檔整理完畢，漲幅不大＋日，週，月三 K 法突破＋漲停板（追價力）

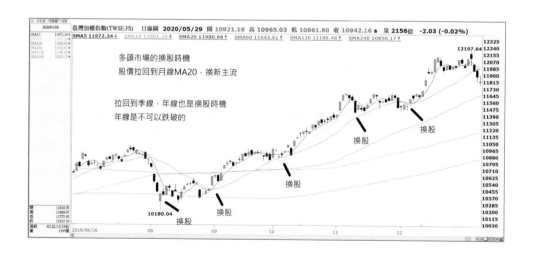

下圖是 6683 雍智與上圖加權的比較，8 月大盤在年線，此股整理完畢，日週月 3K 法突破，放量上攻。

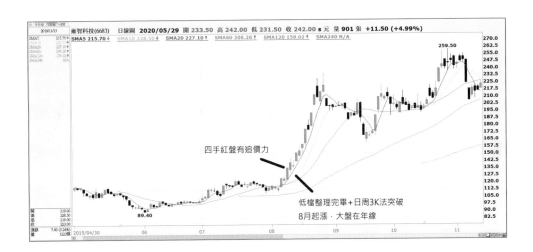

　　下圖是 6514 芮特與上圖加權的比較，9 月大盤剛站上月線，它突破下降趨勢，也是日週月 3K 法突破，放量上攻。可惜兩手紅盤而已，漲幅並沒有飆漲。

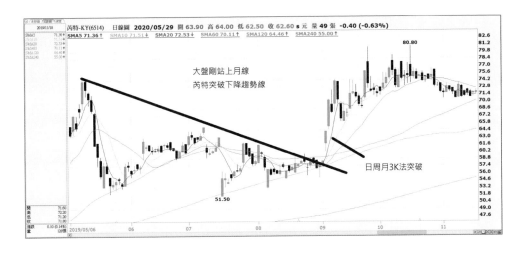

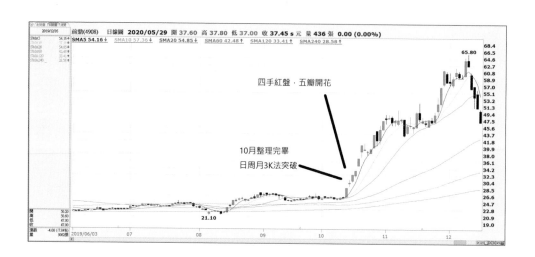

下圖是 4908 前鼎與上圖加權的比較，10 月大盤漲多第一次拉回到月線，換股操作，前鼎也是日週月 3K 法突破，放量上攻。四手紅盤形成飆漲。

下圖是 3228 金麗科與上圖的比較，11 月大盤漲幅已經相當大了第二次拉回到月線，也是換股操作，11 月日周月 3K 法突破，放量上攻。四手紅盤形成漲了一波，

無奈大盤小破月線，主力棄守，連二長黑。

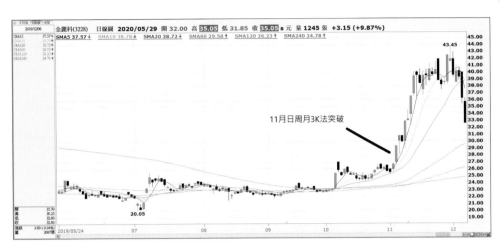

下圖是 6531 愛普與上圖加權的比較，11 月大盤漲幅大，拉回到月線整理一個月，也是換股操作，12 月愛普日週月 3K 法突破，放量上攻。四手紅盤飆漲一波，休息多空比較後，又再次日週 3K 法突破，再飆一波，漲幅 3 倍。

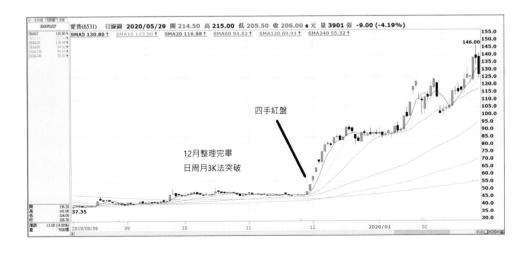

第十章

KD 戰法：選股與買賣法

技術分析震盪指標分類：

1. 價格的震盪指標：KD、RSI、MACD、 DMI……等 30 幾種常用。

2. 成交量的震盪指標：ROC. MTM、OBV、AR、BR……等。

3. 時間的震盪指標：時間轉折指標，費波南茲係數。

天機圖操盤法裡將「價格」的震盪指標中，全部融入到 KD 指標技術分析中，只要專心研究 KD 指標，就可免除同時觀看 30 幾種震盪指標，避免過多指標的干擾與排斥，更確定價格的走向。勝率有 80% 以上，更應該孰記，靈活運用。

第一節　KD 指標技術特性分析

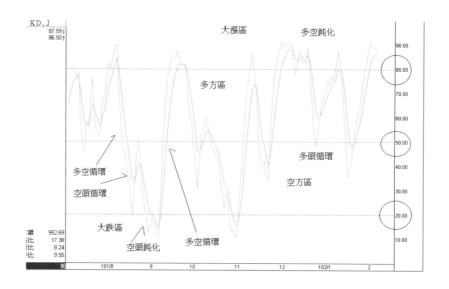

　　上圖中 KD 值大都在 5 － 95 之間循環，但股價表現出來的強弱，卻大不相同。

　　A.KD 值 50 為中軸線，50 以上為多方區，KD 值 80 以上為大漲區，KD 值 50 以下為空方區，KD 值 20 以下為大跌區， 過去書本 KD 技術分析中的，所說的超買區，超賣區， KD 低檔交叉向上買進，交叉向下賣出，皆有可議之處，不可使用。

　　B.基本 KD 標準循環：KD 值從空方區，上漲時間 5 － 13 天，KD 值可來到多方區，稱為 **KD 多空循環，方向不明** 。

　　只要股價從多方區跑到空方區，或是空方區跑到多方區，時間在 5—13 天幾乎都是多空循環。常在反彈或拉回時發生，非買賣訊號，代

表股價方向不明，**這 5—13 天裡，每波震幅通常只有 10—15%。你進場買賣，不確定方向，獲利空間不大，浪費時間而已。**

下圖是 3529 力旺 日線 5 個月的多空循環

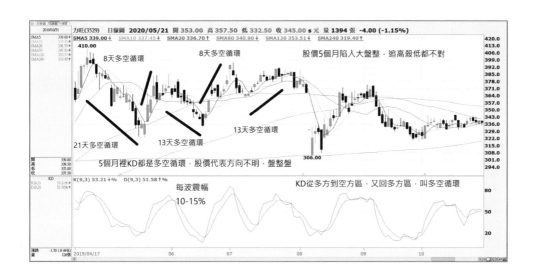

C.KD 多空循環，股價從空方區來到多方區，KD 交叉向下拉回 3—5 天，KD 值在 50 以上就交叉向上稱為多頭循環，為買進訊號，股價必過前波高，勝率80%，這很重要，因為確定會過前波高點。告訴你此股票開始進入多頭大漲模式。

股票多頭有上漲波與修正波，就是 123 法則，上漲波 KD 表現是鈍化與 KD 多頭循環兩種，修正波就是 2 法則。

KD 戰法＋3K 法

　　股票 KD 多空循環，就是在多方區與空方區來來回回，找不到方向，如上圖 3529 力旺 2019 年，大盤整就是 5 個月，作多也不是，作空也不對，但是多空一定會分出勝負，當股票從多方區 K 線 3K 法跌破，KD 會交叉向下，只能回 3-5 天，KD 的 D 值不可跌破 50 中軸，只要 3K 法突破或是 PT 線突破 P 值，KD 自會交叉向上，股價自會再過前面高點。

　　KD 不是領先指標，K 線比 KD 快 1-2 天。

　　下圖是 3680 家登　日線　說明 KD 戰法＋3K 法應用。

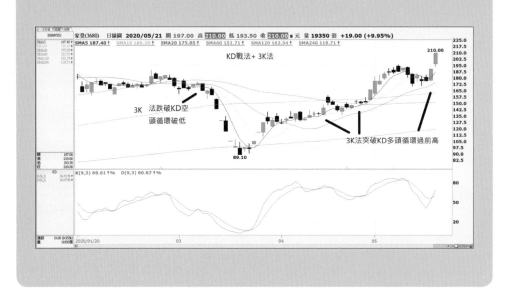

D. 當 KD 值來到 80 以上時，股價會放量大漲，這又是加碼的買進訊號，稱為多頭鈍化，持股要抱牢。 多頭鈍化的漲幅是 KD 多空循環的數倍。

股票從空方區到多方區，漲 13 天後，遇到時間轉折，一種是 KD 交叉向下，一種是持續再漲，漲過 13 天，根據費氏係數序列周期為，21，34，55，89……KD 多頭鈍化就是告訴你，KD 值來到 80 以上，是極強勢，最高點會落在 34 或 55 天……循環後，而現在才漲 13 天，當然還要加碼買進。技術分析，不是學多懂的多就是好，重要是能融會貫通，打通任、督二脈。

　　多頭鈍化現象：成交量一定要滾量換手，或是量急縮飆漲。超過 13 天循環即多頭鈍化飆漲，因為高點會在往後的 55 天，89 天……才見到，因為股價長期在高檔，投資人反而不敢借入，錯失良機。

簡單說只找 KD 多頭鈍化與 KD 多頭循環的股票來操作就好。

　　下圖是 1325 恆大 日線 2020 年

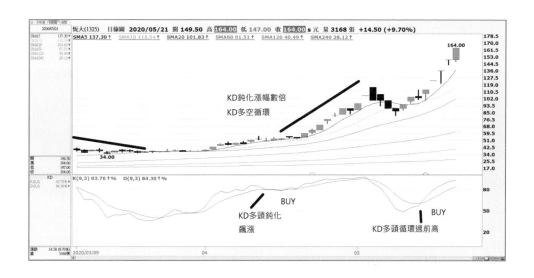

3176 基亞（日） 101 年 9 月

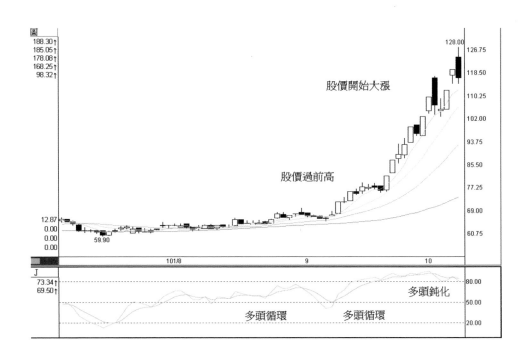

E. KD 多空循環後，股價從多方區回到空方區，股價反彈 3—5 天，
KD 值在 50 以下交叉向下為賣出訊號，稱為**空頭循環，股價必
破前波低**。 當 KD 值來到 20 以下時，股價會開始大跌，又是加
碼的放空訊號，稱為空頭鈍化。切記不可搶反彈。

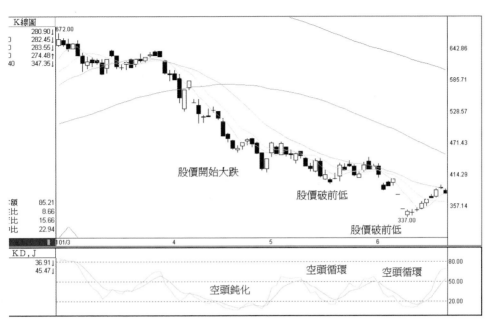

F. KD 值交叉向下或向上都具有落後性，往往股價 K 線在二，三天
前早已經見高點，看到交叉下跌已經晚 2-3 天，所以要需配合
PT 線或是 3K 法去操作買賣點，**即股價拉回 3-5 天時，KD <u>值在
50 以上 K 線突破 PT 線，就是買進訊號 ，再過前高</u>**。KD 值在
50 以下 K 線跌破 PT 線，就是賣出訊號，再破前低。

第二節 何謂 KD 值背離：主因在股價上漲或下跌時間太快所發生現象

1. 股價過新高點，KD 值不過前高，稱為正背離（牛市背離）

2. 股價破前低點，KD 值不過前低，稱為負背離（熊市背離）

股價在多頭市場，會不斷的過新高，與拉回整理，每此過新高必須注意是否發生指標背離現象，也就是股價漲太快，很快就過高，可是 KD 指標跟不上，這裡會有二種情況，一是拉回整裡，（量爆太大），二是股價持續飆漲，將指標給帶上來，再過指標高點，這時股價已經漲翻天了。

切記，很多書上認為背離發生可以放空，這是不對的觀念和作法，股價漲太快發生的背離，為何要放空

熊市背離在空頭裡很常見，當股價跌深發生熊市背離，代表股價跌太快，破底後會反彈，居然會突破前破高，機率有 50%，這一點在台北股市是一個很奇特現象。一般在下跌波進行中，熊市背離所產生的反彈，之後都會再下跌破底，唯有跌幅滿足才會有股價突破前破高現象，俗稱「破底翻」。

下圖是加權指數　日線　2019 年走勢，各種背離狀況。

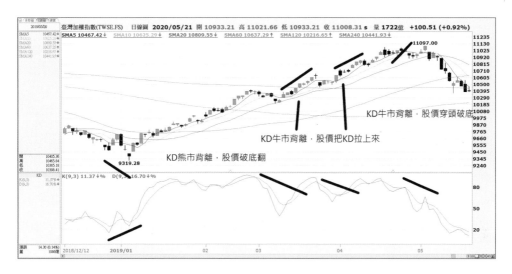

3. 何謂反背離：這種情況較少發生，主因在股價上漲或下跌時，整理時間太長所發生現象，KD 指標值已經破前波低點，但是股價還是慢慢吞吞的不跌破前波低點，所以當股價開始上漲，前波高點必過。勝率 100%。只是股票發生機率比較少，冷門股居多。

　　下圖是 1326 台化　周線　股價拉回不破前低，指標破前低，當它股價開始上漲，前波高點必過。勝率 100%。

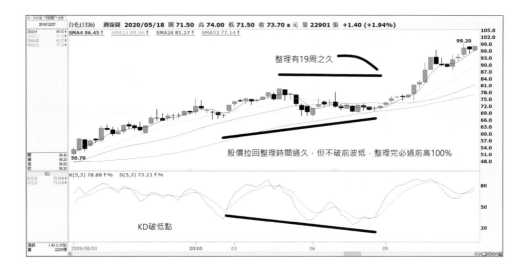

整理有19周之久

股價拉回整理時間過久，但不破前波低，整理完必過前高100%

KD破低點

第三節　KD 戰法——波段操作

日線 KD 操作

股價 KD 值在多空循環時，方向不明就不要進場，只操作主升段，買進位置是在多頭循環與多頭鈍化時，這是主升段，KD 值中的 D 值不跌破 50，都不能出場，等到破 D 值 50 才賣出，如此完成一波段操作。

簡單就是月線操作，跌破就賣。有時破 D 值 50，來到 40，可是仍在月線都不能算破 D 值 50，跌破時 PT 線會大跌 5%。

下圖是 6538 倉和　日線　2019 年。

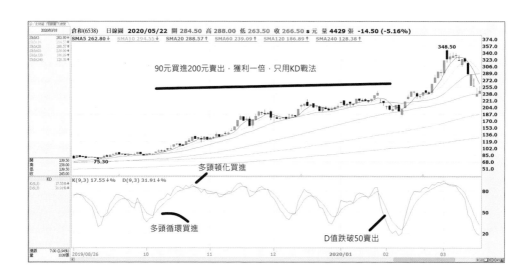

週線 KD 操作

　　大波段投資人與上班族最佳的操作方式,利用週線拉回 5 周,KD
值中的 D 值不跌破 50,波段是相對低檔,很安全,3K 法突破買進,
KD 會交叉往上,股價會再過前波高。這樣周線波段,一小波就有三成
空間,更不用說 KD 多頭鈍化,漲幅更大,週線的周期往往一年以上,
上班族可以放的很放心。

　　實務的操作,可以週線和日線混合使用,用日線 3K 法買進和賣出,
增加獲利空間。

　　下圖是 2327 國巨 週線操作一年,獲利七倍。

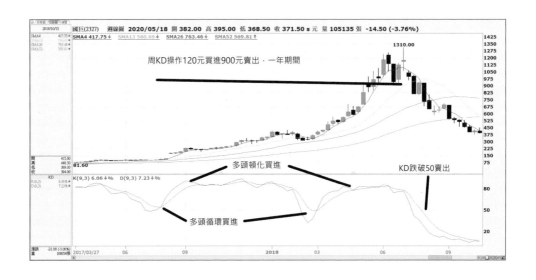

3.KD 戰法注意事項

1. 價的技術指標不在多,在於精通有效指標,能說明股價多空每

一個波浪。

　　日線 KD 交叉向上，週線就要知道滿足位置，日線有漲有跌，修正每一波浪，日線操作可以降低成本，可是很容易被洗出場，週線操作放太久，無法賣在高點買在低點，各有優缺點，慢慢體會，找出最適合自己的操作模式。

2. **KD 技術**指標，要結合移動平均線，與 K 線，PT 線一起使用，更能有效的掌握住買賣點之訊號。

3. 日 KD 告訴你短期趨勢走向，週 KD 告訴你中期趨勢走向，月 KD 告訴你長期趨勢走向。

4. 日、週、月 KD 皆在低檔 D 值 20，長期投資大好時機即將來臨，獲利都是以倍計算，不過要先避開風險，週、月下跌的時間與空間，避不開，等解套，談不上增加獲利。

5. 日、週、月 KD 皆在高檔 D 值 80，小心行情即將反轉。最怕出現國際利空，如金融風暴，會跌死人。

6. 週 KD 交叉向上，日 KD 交叉向下拉回，伺機買進，月 KD 交叉向上，週 KD 交叉向下拉回，伺機買進。

告訴各位一招使用 KD 找股票的方法：勝率 90%

1. 股票價位不要太高。

2. 週 KD 鈍化，剛上漲 13 週，未來高點會在第 34，55 週，漲幅會很驚人。

3. 日線任何拉回都是買點，除非跌破 H*0.7 位置。

下圖是 3680 家登　日　週線對照。

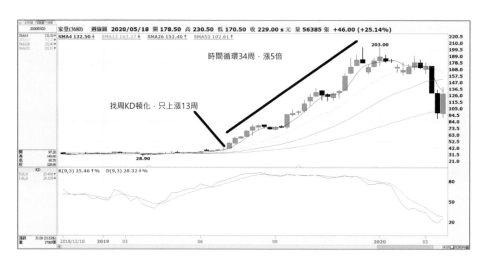

時間循環34周，漲5倍

找周KD頓化，只上漲13周

203.00

28.90

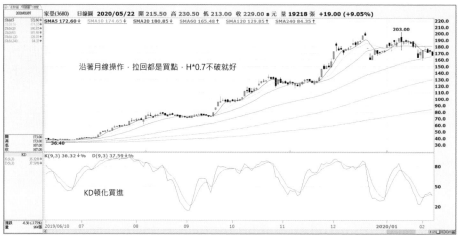

沿著月線操作，拉回都是買點，H*0.7不破就好

203.00

36.40

KD頓化買進

1. 週KD交叉向下拉回，日KD交叉向上反彈，伺機賣出或放空。

2. 股價創新高，KD產生背離（牛市背離），短線會拉回，但是股價趨勢是向上，拉回找買點，不要逆勢放空。

3. 股價創新低，KD產生背離（熊市背離），短線會反彈。

4. KD是可以劃切線，突破下降切線，股價會有小波段行情。投資人不用太在意這種小空間，還是專注於週KD鈍化，有大行情。

第十一章
時間轉折：費氏係數

　　技術分析領域中，探討價格的指標最多，還有量的分析指標，有上百個，這些都是標示在縱座標，而橫座標確只有一個，費氏係數，很奇怪的是專門討論股票技術分析的書，卻沒有說明清楚該如何應用。本章節就是來討論天機圖時間循環的應用觀點，在股票操作上有什麼幫助。

　　Fibonacci（1175 ～ 1250）是中世紀最傑出的數學家。他接觸到阿拉伯的數學。 Fibonacci 很快就發現了十進位數字系統的好處，在數字及計算上比當時通行，但十分笨拙的羅馬數字優越得太多。1202 年，他發表將阿拉伯數字系統引進歐洲，立刻大受歡迎，並且很快地流傳開來，不久便取代了羅馬數字。

　　他發現費氏係數的過程，演算，數學歸納和證明，先放一旁，先看結果：

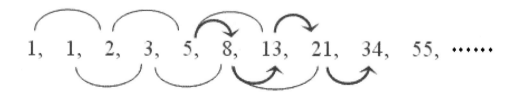

1, 1, 2, 3, 5, 8, 13, 21, 34, 55, ……

　　在計算法中提出一系列的奇異數字，便是 1-1-2-3-5-8-13-21-

34-55-89-144 等直到無限大。這序列的組合，稱之為費波南茲係數
（FIBONACCI—SEQUENCE）

費波南茲係數的序列，除了前後兩個數序相加得出的「和」是另一個新的數字。

計算舉例如下：

1+1=2　2+1=3　3+2=5　5+3=8　8+5=13　13+8=21　21+13=34

除了首四個數字（1，1，2，3）任何兩個在序列內相連的數字，其互相關係的比率大約是「1.618」或「0.618」，即是說：

3/5=0.6，5/8=0.625，8/13=0.615，13/21=0.619，21/34=0.618

首四個數字（1，1，2，3）。所得出的比率為

1/1=1，1/2=0.5，2/3=0.67

波浪推算：

在討論波浪理論之初，指出每一級數的波浪是按一些特別的數字排列，如大浪便是由五個牛市週期和三個熊市週期所組成的八個排列而成，而小浪則是分別由「21」及「13」的牛熊週期所組成「34」個波浪而成。

對於這些特殊的數字投資者一定會感到奇怪，為什麼是 3，5，8，13，……

等看似有點不規律的組合，而非其他如 2，4，6，8，……等數字，原來艾略特的波浪數據特別是自然定律（如大海波浪），是根據「費波南茲」的理論而設立的。

1. 將波浪以費伯納西係數解讀可應用於股票市場波數計算。
2. 一個完整市場必由一個多頭市場與一個空頭市場組成，合計兩波段。
3. 再細分之，可發現由漲五波與跌三波組成之「基本波」。
4. 進一步分解可得上漲 21 波與下跌 13 波合計 34 波之「中型波」。
5. 進一步細分可得上漲 89 波與下跌 55 波合計 144 波之「小型波」如此不斷細分依艾略特之理論可觀察至九級之「最細波」。

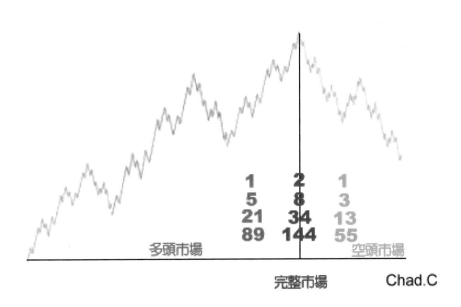

207

第一節 天機圖的時間轉折

費波南茲係數，只取「13」當時間轉折。

小浪日線波段上漲時間（橫座標）＝每波 13 天轉折，KD 值從空方區 20 到多方區 80，約 13 天時間，將面臨轉折，配合波浪理論，可能有以下轉折發展：

1. **股價持續上漲，超過 13 天循環，KD 多頭將鈍化。代表股價進一步走入中期波段（大浪）多頭**，行情來了，上漲時間更加延長達 34.55.89.144……天，過高後還有更高點。

下圖是加權 （日） 98 年 3 月

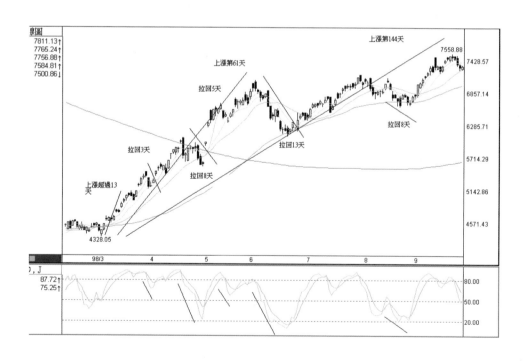

2. 如果大浪漲高漲久後，如漲了 55 天，股價拉回修正時間為 5-8-13 天，回測 10 日線，月線，都很正常，稱 KD 多空循環。長期趨勢多頭不變，整理完可再過新高。

3. 拉回最多 13 天，超過後，回檔變回跌，接下來會續跌到 21 天，34 或 55 天轉為空頭時間波。

4. 在多頭市場上升趨勢中每一次多方攻擊，必須在 13 天內過新高。當股票在高檔盤整時，**若拉回時間超過 13 日就會變回跌，小心由多頭市場轉向 ABC 法則**。多頭市場上漲時間大於回檔時間，空頭市場下跌時間大於反彈時間，且時間有對稱性，大循環中有小循環，相互重疊。

下圖是 6552 易華電　日線

從高檔拉回 21 天循環，反彈 5 天後又破底，轉為時間波的空頭。

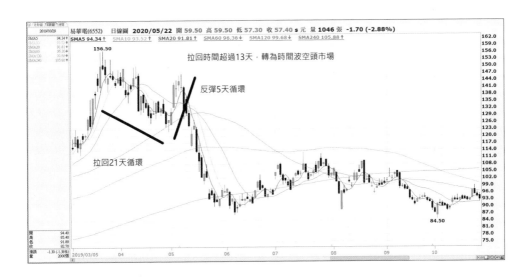

加權 （日） 101 年 5 月

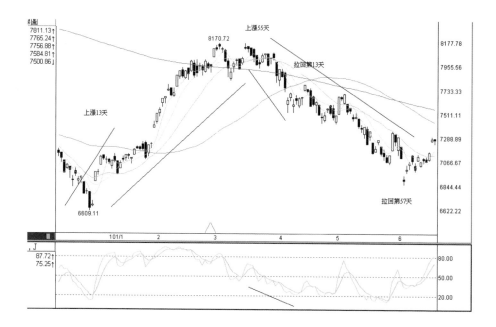

第二節　黃金分割率（天機圖三分法）

1. 費波南茲係數比值是 0.5 與 0.618

2. 最基本的公式就是將 1 分割成 0.618 與 0.382 ，再演變其他計算公式，股票技術分析的專家，將其應用在股價空間的壓力與支撐，發現其準確率高達 70%，將更是有神奇的發現，黃金分割率發現股票拉回幅度 0.382 處有強烈支撐。

3. 黃金分割率要用軟體電腦計算，現在券商交易軟體都有這個功能。可以善加利用。

4. **天機圖採三分法，股價拉回 1/3，1/2 有支撐，股價反彈 1/3，1/2 有壓力，特別是測量大盤指數時，特別好用，個股的部份採用關卡表。**（page 101）

下圖是　加權（日）　98 年 5 月　指數大漲後拉回 1/3 有撐

　　下圖是 加權（日）100 年 8 月　指數回達 1/2，反彈往往是逃命波，小心跌回到起漲點。

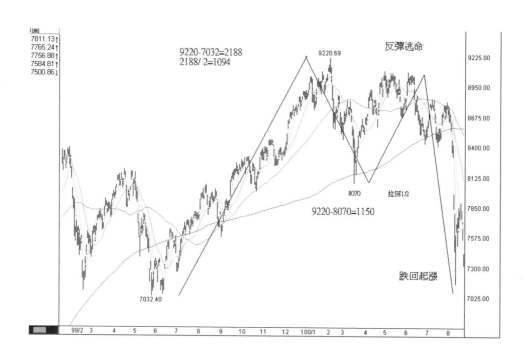

　　黃金分割率，是用來衡量大波段反彈或拉回關卡位置所在，是以前一個波段跌幅下去計算，反彈 0.382 ，0.5 ，0.618 等關卡位置。

　　下圖是加權 日線 2020 年走勢　使用軟體輔助來計算 0.618，0.5，0.382 位置。

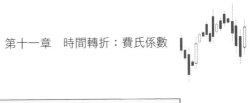

第三節　天機圖時間循環與波浪關係

13 天循環觀念

　　日線小浪操作每一波的時間波最多就是 13 天，KD 值剛好從空方區 20 到多方區 80，如果是多頭市場，將持續上漲更多時間 21-34-55…144-233 等大浪時間循環，上漲過程大漲小回，每次拉回修正，也不可以超過 13 天，初期多頭起動拉回時間 3-5 天而已，等到漲多漲久了，反壓的浪才會拉回 13 天，這也不代表行情結束，有時股價回在高檔 KD 來回多空循環，上 13 下 13，上 8 下 8 都有可能，整理完突破反壓，持續上升走勢。

　　日線小浪實務操作上，小浪的一個點（一根日 K 線），我不認為有能力去預測，衡量大浪的高點位置與時間，會常常出錯，違反天機圖的基本原則，只採用 70% 勝率的技術分析，不確定就當作參考，要預測股價高點方法有型態分析，周月線歷史壓力區，123 法則，本益比等，但是不保證滿足點就會來。

　　時間循環 K 線計算每波時間天數，只「**重其形不重其意**」的循環觀念，例如這波上漲 13 天循環，實際上這波線低點到高點只有 11 天，或是 15 天，都屬於「**13 天循環**」觀念，不必執著一定要剛剛好就是要落在第 13 天。可以發現這個觀念才是正解，股票這波剛好漲 13 天的比率並不高，對應前面所說在這日線小浪中，就要釐清是大浪，巨浪中的哪個位置，這不可靠，勝率不高，上述所言 **13 天循環**觀念，實務操作上是吻合的，70% 機率都是照這個規律走。

時間與 K 線，移動平均線的綜合判斷

3D 操作法

學技術分析的目的是幫助我們在市場上獲利，不管學藝是否高超，每年投報率沒超過三成，就不算出師。天機圖的招式很多，找出最適合你的組合拳。

3D 操作法，指的是縱座標價量，指標，橫座標時間，跟你的立場，判斷執行，缺一不可，想要賺大錢，或是否能賺錢，都是要學習練習，多頭空頭不斷循環，這是一條不歸路。賺錢的離不開，賺錢的又輸回去比比皆是，今天的勝利不代表永遠的勝利，有時賠錢退出股票市場也不是什麼壞事。

標準 SOP 模式

巨浪的 A 波或 C 波，或是大浪的 C 波持股 100% 滿檔，大波段操作。沿著月線操作，回檔波時間拉回 5-8-13 天，在靠近月線就是買點，也是換股時機，一年有兩次機會持股滿檔，等到漲高後（週線時間 8-13 周），持股降到三成，等月線，趨勢線跌破時出清持股。空手觀望不放空。等待第二次買點。

如下圖加權日線 2020 年

下圖是加權 週線 一年有兩次持股滿檔機會

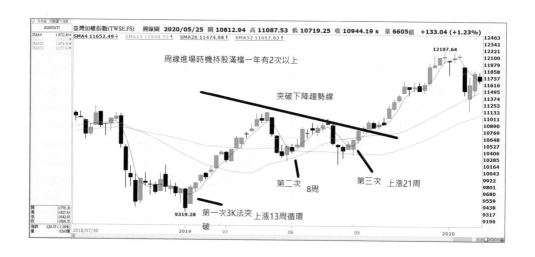

小資族模式

第一次進場同上述，但是只重押一檔就好，在高檔換股，只買補

漲股，只買日，週線剛 3K 法突破股（勝率 90%），持股 100%，短線進出不可以長抱，目的是為了快速累積第一桶金 100 萬。當然在高檔持股滿檔有風險，年輕人有時間能力跌倒再站起來，而且天機圖勝率 90%，成功機率高，就看你的個性。筆者看過在股市賺大錢的人，都是大膽子，大手大腳的，而且眼光遠耐心夠。不鼓勵，先認識自己個性的優缺點，再行動。

下圖是 3004 豐達科 日線 ，只要大盤不破月線，買日週 3K 線法剛突破。

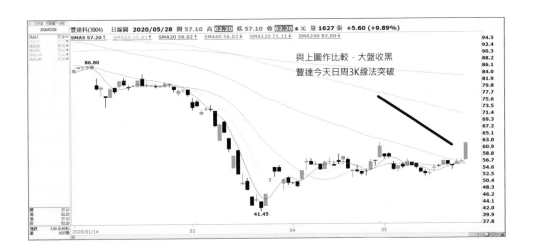

大資金操作模式

持股可達 10 檔，大盤大跌後，個股設定價位可提前進場，報酬率達 30% 也可出場，操作跟 A 模式一樣，用持股比率來控制風險。

回檔波是跌時間還是跌空間

跌時間很可怕

股票漲多一定會拉回，拉回幅度可以用時間計算，正常股價拉回時間分別為 5-8-13 天，不可以跌破月線（MA20），拉回只是換主流，換股操作，長線作多不變，但是總有一次股價過不了前波高點，拉回作 ABC 修正，若是連大盤跌破月線，趨勢線也跌破，可就要避開風險。

因為跌破月線後，下個支撐在季線，年線。以時間的角度計算拉回 13 天以上，回檔變回跌，接下來下跌時間會是 21 天或是 34 天。季線可能不守直接殺到年線找支撐，萬一連年線也不保，那一定有大條事情發生，股市會進入空頭市場，超過 55 天時間循環。

要注意下跌超過 13 天後，成交量會萎縮，小於 MV44，人氣渙散，融資連續下降，股價越跌越低，跌到有量，才可能止跌。跌 21 天循環許多個股跌 3 成，可憐的跌 5 成，跌 55 天循環，大部分都跌 5 超，有些腰斬再腰斬。這就是跌時間波的可怕。

下圖是　加權　日線　2020 年　下跌時間波 55 天變成空頭市場。

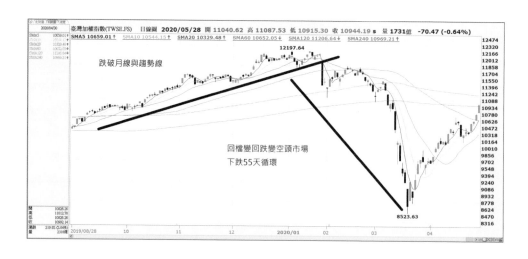

跌空間波，機會來了

大盤跌破月線與趨勢線後，權值股領頭下殺，股價全面跟風下挫，這通常是某些權值股的利空，時間跌 13 天就落底，就撐在半年線（MA120）或是年線（MA240）。

可依據天機圖三分法，前波漲幅拉回 1/3 或 1/2 位置。

這下子機會來了，因為時間才拉回 13 天，多頭人氣還在，接下去的上漲一定是中小型股領漲，（因利空在權值股），又不佔指數空間，等到漲回起跌點，會漲很久，這就是筆者最喜歡的上漲模式，漲不完。

下圖是加權 日線 回檔波是跌時間還是跌空間。

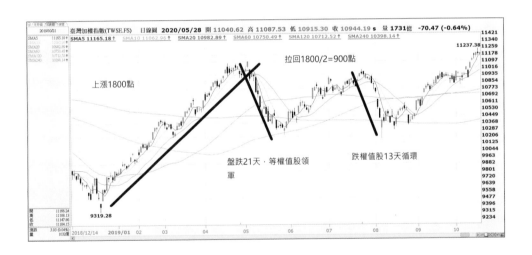

第十二章

利潤最大法：GAN 角度選股法

學習甘氏角度線的目的

利用每個波段，找出上升角度最陡的飆馬股。

第一節　甘氏角度線的種類

縱座標為價格，橫座標為時間。

1 X 1 ＝ 45 度　　1 X 2 ＝ 63 又 3/4 度　　1 X 3 ＝ 71 又 1/4 度

1 X 4 ＝ 75 度　　3 X 1 ＝ 18 又 3/4 度　　4 X 1 ＝ 15 度

8 X 1 ＝ 7 又 1/2 度

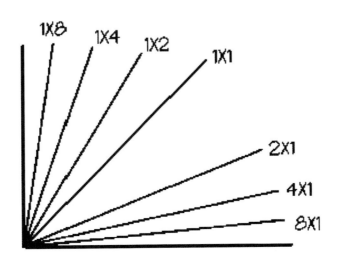

1. 股價上升角度 1 X 1 = 45 度，沿此角度上漲，不跌破 6 個月約
   可漲一倍。

   下圖是 6679 鈺太 日線 2019 年走勢。

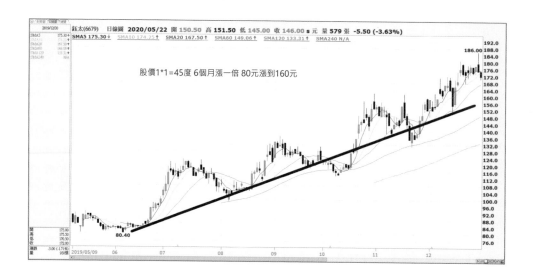

2. 股價上升角度 1 X 2 = 63 又 3/4 度，為飆馬股模式。不跌破 3 個
   月內可漲一倍。

   下圖是 3176 基亞　（日）　101 年 9 月。

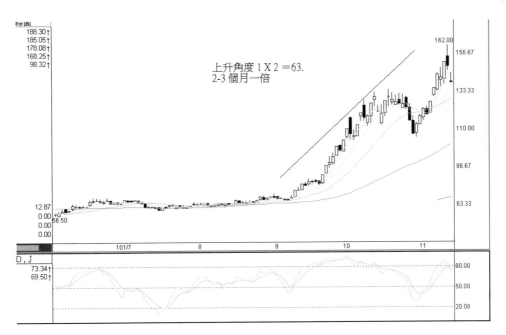

3. 股價上升角度 1 X 4 ＝ 75 度。為飆馬股模式。不跌破 1 個月可
　漲一倍。

　下圖是 4743 合一　（日）　101 年 12 月，一個月漲一倍。

223

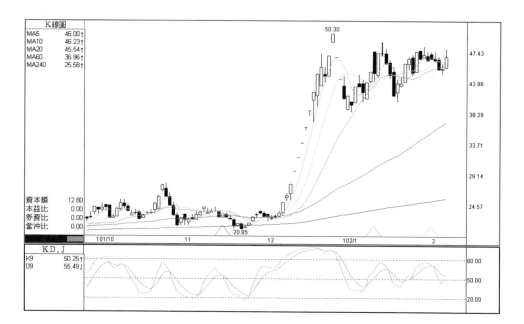

224

第二節　飆馬股（主力股）的技術分析現象

1. **股價大漲小回，上漲時間超過 13 天以上，** 股價沿著並保持在 MA5 ，MA10 以上。因高點價位會座落在時間上的第 21. 34. 55. 89. 144 天．

2. **KD 數值 80 以上，** 日，週線呈現多頭鈍化現象。

3. **GAN 角度線 60 以上。**

4. **題材性 . 現今明星產業 . 有故事性潛力股（曝光率高）。**

5. 每年 3，6，9，12 月為法人作帳月，投信會鎖籌碼，作價股價，比賽績效。

主力股作價漲幅：

A.主力股（公司派），長線漲幅約 5– 10 倍漲幅

B.投信鎖單（認養股）。長線漲幅約 2 倍漲幅

C.中實戶作價，一波到頂。

D.舉例說明：主力股飆馬股模式。

a. 主力股（公司派）（十倍漲幅）：

　下圖是　3228 金麗科　（週）　95 年。

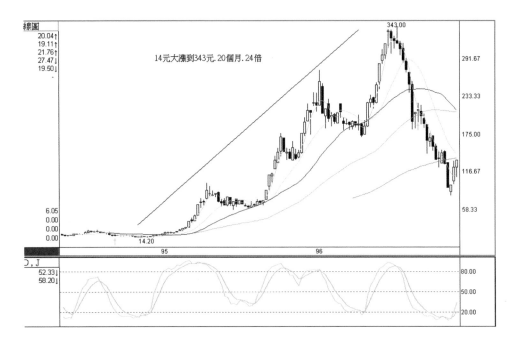

14元大漲到343元.20個月.24倍

b. 投信鎖單 2 倍漲幅以上：

下圖是 3661 世芯（日線）2019 年

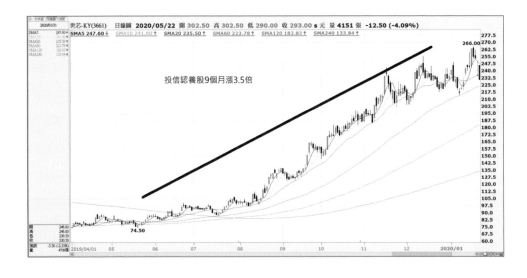

投信認養股9個月漲3.5倍

c. 中實戶喜歡一波來抬到頂：

下圖是 6706 惠特 日線 2020 年

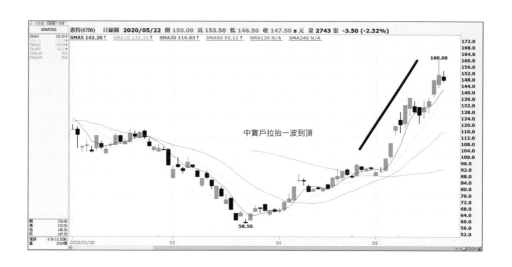

d. 在空頭市場中．股價下跌。向下角度線 30 以上。股價暴跌，KD
值 20 呈現空頭鈍化。

下圖是　4174 浩鼎　日線　2019 年 3 月走勢。

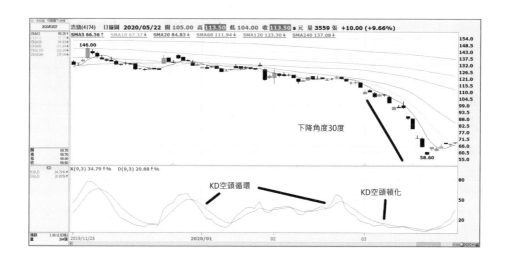

第三節　騎飆馬股方法

1. 突破下降趨勢線，站上季線：GAN 60 度角上漲

2. 四手紅盤，跳空上攻：K 線戰法多方勝

3. 123 法則：**前波段有大飆漲前科**

4. 日週 KD 值 80 以上，多頭鈍化。

5. 股價有**拉回**，可以買 MA 5，10 日線，沿著月線操作。 常見暴
   量洗盤換手非頭部，上漲一波整理完再上漲。

6. 股價從漲停到跌停為出貨現象，因兩天跌破 T 值，要在當天賣出。

　下圖是　3285 微端（日）　101 年 8 月

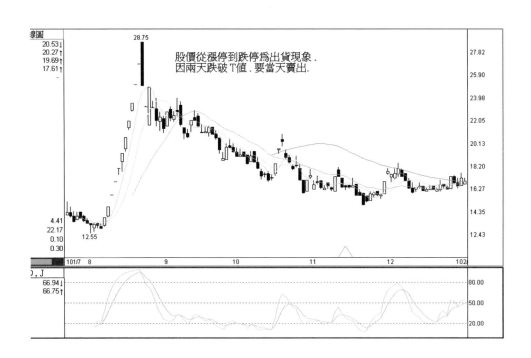

第四節　如何尋找飆馬股每天作業程序

1. 利用漲停板股作筆記，每日記錄追蹤，找出四手紅盤股，好選
   又快速

   又不會有遺漏強勢股，並且記錄投信每天買賣超，追蹤法
   人強弱勢股的變化。

   漲停板股即是強勢股，會變成震幅變動大的主流股。要勇
   敢追價，特別是當美股走大跌時，強勢股拉回就是好買點。

   反之，走空頭市場時，要利用跌倒停板股作筆記，找弱勢
   股，而不是找強勢股作筆記。

2. 漲停板操作法

   利用多頭漲停板作價差，可以追價漲停。隔日沖銷也可，
   因作多的基礎在追價力，今天漲停板，明日仍有高點的機率是
   70%，但是當今沖銷太盛，可調整為 **3K 法 + 漲停板。**

3. 同產業股集體上漲，找出最強勢股指標股（領頭羊），找出漲
   升理由，找出基本面題材。選錯股，漲升空間就會變小。更不
   要因領頭羊漲高了，而去買補漲落後股。往往領先股有特定主
   力在裡面，不怕大盤震盪。

4. 你追不追漲停 操作勝利的一大關鍵

   作多的基礎在「追價力」，追漲停不是一件容易的事，沒
   有經過訓練與觀念的改變，正常人是少有的。這也是無法賺大

錢的原因之一。**漲停是一種慣性，還是偶然，要先分辨清楚，如果是一種慣性，就不要讓它輕易溜走。**

　　有時候一支股票能連 K 好幾支漲停，有時卻只有一日行情，必要的條件，就是大盤要在多頭市場裡，盤後也可買漲停，在多頭市場裡，每天都有個股漲停，強勢的漲停就是鎖住到底，這種盤後常買不到，就算盤中也未必能買到，有些是盤中拉上去，這個盤後就很好到手。現在有當沖，盤中買到漲停有危險當天沖掉，也能控制風險，若盤後的話，行情不對，隔日就能賣出去，為什麼堅持盤後買，因為它必須鎖到尾盤才算強，買漲停的股票，隔日通常都還有高點，好運的話開盤又是漲停，隔日若是鎖不住，縱使開高走低，依然能從容賣出去，雖只有一日行情，一樣能獲利。

5. 盤中使用「3K 法 + 漲停板」，是筆者的絕招，不信你試試，失敗來找我學習。這一招勝率有 70%。

　　股市裡無非就是大賺、小賺、大賠、小賠，若能去掉大賠，那勝的機率就很大，股票可以停損但是絕不套牢，資金不可套住，寧願砍錯也沒關係，因為賺錢的機會還是很多。切記，大盤走空頭時去追漲停是要吃虧的，因為搞錯方向，要注意的是跌停板。

　　黑馬就是飆股，黑馬就是沒人注意看好它，忽然間串出一飛而上，投資人手上都沒有，只能買進，其實，任何一個股成為「黑馬」，都不是在瞬間完成的，總是有它成長發展的軌跡，下面的標準，可在一個股中單獨存在，也可能共同存在，只要

投資者注意觀察，是可以作出準確判斷的。

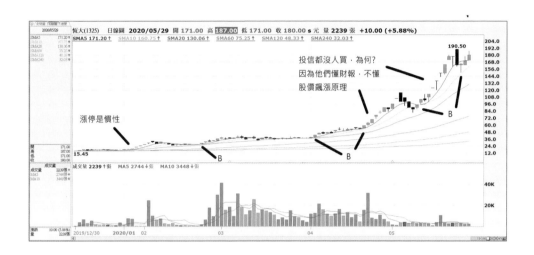

1) 選擇有主力運作的個股，尤其是有強主力介入的股票一般都有
   漲倍數的機會。處於主力收集階段的個股，其底部形態較為明
   顯，在分時圖中和買賣盤中露出痕跡，拉升階段，成交量巨額
   放大、加速萎縮、洗盤誘空，都可看出主力的影子。此時關注
   和跟進，可搭一段順風車。

2) 選擇技術形態有強實底部的個股。有主力介入的個股一般底部
   形態都是堅實的狀況，底部越大，持續時間越長，說明主力吸
   籌越多，控盤的能力越強，以後拉升時上升幅度和空間也越大。

3) 選擇臨近突破形態邊緣的個股。技術形態臨近突破的個股，一
   般都有較長的整理，所以要選底部構成圓底形態剛剛突破、或
   三角形整理低位向上突破時大膽跟進，在突破臨近時或已開始
   突破時跟進，可避免等待太久。

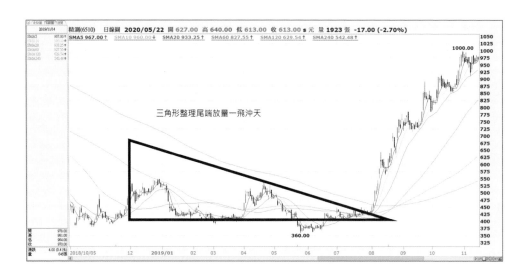

三角形整理尾端放量一飛沖天

1000.00

360.00

4)選擇走勢較強的個股。「強者恆強」。在選股時，如均線系統形成多頭排列，股價又站在均線之上，或者是 KD 鈍化的個股，都可大膽介入。

5)選擇有題材，能成為市場熱點的個股。題材永遠是股市炒作的理由，也是**推動**股價上漲的客觀因素。有題材的個股，市場容易接受，容易集聚人氣來投入炒作，也才能為主力所青睞，上漲拉抬的空間較大。

飆股的基本面特性

每股季盈餘成長性以及年盈餘 YOY 成長性的變化，這是最重要的問題，如果一家公司現在賺的比以前多，其價值一定會重新估算，這時候就會有上漲的契機，當然或許不是你買進時便會馬上漲，還必須等到其他投資人也發現這個標的時，才會有大漲的現象。如果你買進

股票其盈餘沒有變化，與去年同期相較結果是差不多的話，那麼就沒有潛在上漲的因素，頂多可能是消息面或籌碼面的影響因素，這都僅會曇花一現，甚至出現相反的走勢，選擇股票必須先看基本面為主。當然這是長期投資要作的事，如果只是短期操作，以技術面為主。

公司所營利的產品、技術服務、以及經營模式起大改變

如產品漲價、新服務應用、投入產業新趨勢。在股價飆漲突出的公司當中，其中有很高的比例都曾有創新的發展，讓公司在產業中保有領先地位。另外，股票創新高也是一種新發展。大部分的投資人在股價新高時，都不願意進場。其實股市有一種特性，看來漲得過高的股票還會繼續上場，而跌到接近谷底的股票可能還會繼續下滑。不過這也不是絕對，還必須配合一些指標進行觀察。

流通在外的股數

流通在市場的股票如果越少，其價格比較容易上漲，原因是因為流通在市場上的股票少，表示供給量並沒有太多，相對的籌碼穩定現象。

法人的支持程度

這些法人包含大股東的持股、外資、投信等。法人對股票的需求最為強勁，大部分領先股的背後大都具有法人的支撐，而通常他們也是持股較多的一方。

操作面選擇個股思考原則

1. 股本小，10 億以下籌碼較穩定。

2. 股價基期高低位置。

3. 是否有主力 是否有追價力。

4. 公司營收，獲利成長性要 30% 以上，要有基本面題材。

5. 公司產品的題材性 ，電視媒體曝光率高，產業訊息最好能常常上報。

6. 公司派大股東作多心態。

7. 融資浮額高低。

第十三章

期貨當沖操作：分時線與移動平均線運用

　　筆者認為股票要作波段，主要是有倍數效果，抱越久賺越多，要當沖的，拿出你技術分析功力，到期貨市場來。

　　本章主要說明期貨當沖交易，討論買賣點，而其他相關的保證金，期貨原理請自行參考其他書籍。期貨操作是沖沖樂，不是賭場，現在每天交易量的 90% 都是沖銷量，沖久了就忘記它最主要功用。

第一節　期貨的功能

避險

　　資金比較大部位的投資人，可在指數下跌時，放空期指來避險，因為他現貨股票部位並沒有賣出。

價格發現

　　利用期指的基差擴大縮小，提早發現未來價格是要上漲還是下跌。

基差是什麼？

　　基差（basis）＝ 現貨（cash）- 期貨（future）

多頭市場，投資人看好後市，期貨大於現貨，稱為負基差。

空頭市場，投資人看壞後市，現貨大於期貨，稱為正基差。

操作上只看基差的擴大和縮小，可以制作一張「基差表」，記錄每天基差變化，多頭市場，當股價開始下跌或者只是回檔，基差就會縮小，如果技術上K線被破壞開始轉空頭，形成逆價差，如果跌幅擴大，逆價差會更大。

如目前現貨指數是 11000 點，3 月期指 10920 點，逆價差 -80 點，明天又大跌，逆價差變 -150 點會更擴大。

期指從谷底反彈，逆價差會變小，等到漲回年線以上，期貨價大於現貨價，又邁入多頭市場，即是正價差，負基差。

這對操作期指波段的人很重要，以**日線操作每天要注意的基差變化。**若是只有當沖操作可以，不必理會基差。

期指日線操作，方法與股票相同

使用指標：K線，KD，移動平均線與波浪理論

1. 使用 3k 法突破或跌破，作為買賣訊號。
2. 多頭模式，沿著移動平均線之月線（支撐）操作，MA10 也是支撐。不跌波還會過前波高。
3. **上升**趨勢線跌破，K 線會作 ABC 法則修正，支撐位置下移到季線 MA60，與年線 MA240。
4. 空頭模式，期指反彈壓力在 MA10，MA20，MA60，MA240。
5. 在多頭高檔可以避險操作，在空頭低檔利用基差價格發現功能，

來回補期指，也可以開始做多股票。

6. 在 ABC 法則空頭模式，有利空襲擊，下跌的快，每日震盪很大（300 點），很方便操作期指，不管是當沖還是留倉。在多頭市場，特別是在高檔，每日震幅小（50 點），當沖不易，這點要留意。不如操作股票，因為有輪漲性。

7. 國外期指中，香港恆生期指交易規則跟台指期差不多，每日震幅最少有（250 點到 500 點），也是一個不錯的選擇。國內期貨公司就可以開戶下單，現在是資訊發達時代，可以操作任何期貨商品，但操作之前，都要好好研究其基本面，不管是否當沖或留倉。期貨是很有學問的不是賭博。

期貨當沖操作：只看分時線 10 分 K 線與 60 分 K 線

使用指標：K 線，KD，移動平均線與波浪理論
分時線移動平均線，參數設定：6 條線
MA6，MA12，MA24，MA72，MA144，MA288 互為壓力和支撐，最重要只有 MA24，其他都是壓力和支撐。

1. 分時線 10 分 K 線與 60 分 K 線參數設定都一樣。

2. 移動平均線有方向性

　　MA6 跌破－ MA12 跌破－ MA24 跌破（支撐）－ MA72 跌破－ MA144 跌破－ MA288。

　　可在壓力點與支撐點間作買賣。

3. 買進訊號，站上 MA24+3K 法突破。賣出訊號，跌破 MA24+3K
   法跌破。

4. 每日震盪幅度約 100—200 點

　　設定 0050 權值股查看漲跌，明白今天是漲什麼股票，每天
開盤前要明白昨天美股道瓊指數漲跌，金融狀況的利多與利空，
會影響台股早上的開盤價。

下圖是台指期　**10 分 K 線走勢圖**

3K 跌破 + 跌破 MA24，一波比一波低，反彈到 MA24 是賣點，跌
破前波低是回補買點。

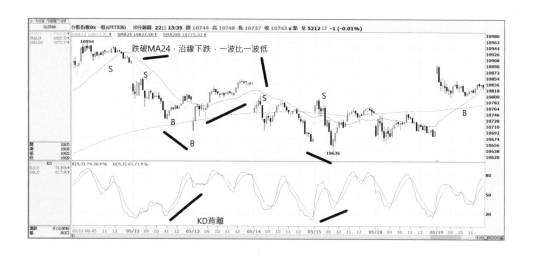

　　10 分 K 線走勢圖，一波比一波高，KD 拉回 8-13 根都是修正時間，
拉回空間不會跌破前波低。

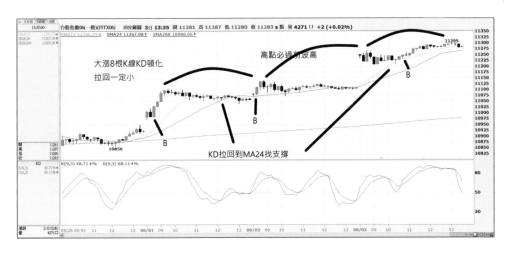

5. 今天開盤位置，是以凌晨「**夜盤**」收盤價為主，而 0600AM 開盤的小道瓊電子盤也會影響台股，早上的開盤。夜盤裡的 H 和 L，也是早上開盤後的壓力與支撐。

6. 分時線也可以畫上升趨勢線與下降趨勢線，破線後方向改變拉回幅度會變大。

7. 使用波浪理論，一波比一波高是 123 法則，或是一波比一波低是 ABC 法則。過不了前波高，必破前波低。可在電腦技術分析裡設定，現貨與期貨對照圖，可以增加對趨勢的信心。

8. 分時線的 KD 大都是多空循環，多頭循環與空頭循環，鈍化在當天大漲或大跌時才會發生。KD 多頭鈍化，意思是多頭漲勢強，超過 13 根 K 線，不可以逆勢方放空，縱使 KD 交叉向下拉回，也不會回太深。波浪低點也不會比前波低。

9. 以 60 分線 3K 法為今天交易方向，跌破以空單為主，突破以多
單為主。

　　以 60 分線 3K 法突破站上 MA24 為細微波起漲，在多頭會
突破前高。

　　在回檔波時，60 分線 3K 法會跌破，沿著 MA24 下跌，直
到整理完畢重新站上 MA24，多頭攻勢又在起。

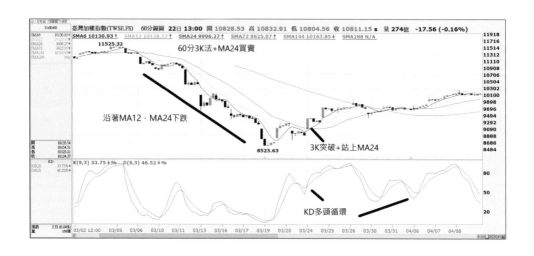

10. 還要參考前一天日線的 K 線 H 最高點與 L 最低點，那是壓力
與支撐位置。

　　前一天日 K 線，使用 CDP 公式，算出今天壓力與支撐位置。

11. 每天開盤後就要計算，目前 H 最高點與 L 最低點的位置，是開
高走低，還是開高走高 100 點，因為每日震盪幅度約 100—200
點。這點很重要，要避免追高殺低。

12. 10 分線 K 線開盤後 20 分鐘後即知道這個盤是要上或下，因第三根 K 線，就會知道是突破還是跌破。有時第一根 K 線，與昨天收盤 K 線比較也可，當然 KD 是多空循環還是多頭循環位置要弄清楚，上漲是 8 根還是 13 根 K 線。

13. 作期貨當沖要配合策略運用，要輸都難。（指資金運用）

　　舉例：資金可操作 20 口，當 3K 法突破時，KD 交叉向上，可先買進 10 口，有拉回 20 點再買 5 口，因為會漲 **5-8-1310 分線 K 線**，前高會過，過前高前可賣一半，另一半過高後，或是漲幅 100 點以上，再賣出。

　　策略運用方法很多，可參考筆者社團視頻。

14. 10 分線 K 線是波浪理論的細微浪，每天當沖只是在這 1-200 點內循環，來回當沖，重點在 3K 法的轉折點，一定要出手，例如 3K 法突破，先市價買一半資金，拉回 15 點再加碼，可沖銷 10 點，（成本 1 點），上漲 5 根線 K 後，或是上漲 70 點後，不再加碼，把原先買的分兩次賣出。

當沖必備條件

1. 執行當沖買賣點時毫不猶豫的進場
2. 跌破所設停損時要勇於出場
3. 前一天日 k 線的 H 最高點與 L 最低點，當作是今天的壓力與支撐點

4. 在上述的壓力與支撐點上下來回做當沖，被洗出也無妨。

5. 期貨當沖是處於高壓下操作，兩眼盯著螢幕跳動，保持輕鬆賺錢姿態，身心愉悅才是重點。每筆單有賺有賠，作錯重新再來，一天當沖來回幾十次，**千萬**不要因為一筆單而亂套。

6. 有時台股期指每日震幅約 50 點左右，震幅太小，可以改操作國外恆生期指每日震幅都大於 300 點，每個跳動點 200 元台幣，與大台期指一樣。

第二節　股票當沖模式

我是反對天天股票當沖，因無本當沖有違天理，如果人人可成，還有人工作上班嗎，股票波段操作有倍數效果，長抱效果就會出來，但是股票當沖有避險功能，是一項保護投資人的措施，筆者也會當沖，視盤勢急跌時才會使用。而期貨手續費便宜，一個跳動點就賺錢，要想天天沖，就去期貨市場。

股票當沖，以 60 分時走勢比較法最好用，但是有人擔心沖不掉，賠錢，下面是我最常用的方法，可沖，可避險，可降低成本。

1. 60 分 K 線買賣法：小波段操作

買進訊號，站上 MA24+3K 法突破。

賣出訊號，跌破 MA24+3K 法跌破。

使用此法要設定好要操作或當沖股票在自選股裡。

下圖是 3680 家登 60 分線。

買進訊號，就是站上 MA24+3K 法突破。

2. 股票當沖，以 60 分時 K 線 +MA24 突破後，有 70% 以上是不需要當沖的，明天還有更高點，當然有賺要當沖也行，要注意今天是這檔股票，明天是別檔，買進訊號是天天換股票的，所以自選股要設定好 60 檔，要關注就方便，哪一檔要發動都會知道。

3. 若是 60 分時 K 線 +MA24 再 + 當日漲 5%，突破後漲停機率高，不要浪費好股把它當沖掉。越強的股票就越要抱牢。在多頭行情末端，或是當日行情遇到殺盤時才要沖銷，如果檔檔沖，容易小賺大賠，幫人做嫁而已。

4. 當沖股要設定價格買賣，少用市價，過前高後就不必追，因你的目的只是當沖，善用分時線的波浪理論。

5. 主力股的當沖是最聰明的，也最棒的，也是唯一贊成當沖的股票當沖模式，當沖沒過可以留倉，主力套牢還會再行拉高，最怕的是「無本當沖」，收盤前一定要沖掉，因此建議要當沖就選主力股，把天機圖融會貫通，就能很輕易發現主力股。

波浪比較法（找主流股與選股法）

第一節　選擇股票的基本概念：K 線的比較功能

1. 首先我們定義波段操作

所謂波段操作是以技術分析中移動平均線 MA10 轉折來計算。

波浪比較意義與原理：

大盤指數在每一波浪的上漲或下跌，皆是由權值股或各類股強弱所帶動造成的結果。

「兩國論」（page 5）的觀念很重要，在大盤上上下下的過程中，追蹤資金流入與流出哪些類股，比較大盤指數，各類股，各族群強弱，進一步發現領頭指標個股，找出每波主流類股與個股成為最重要的功課，買進上漲波裡最強個股。

2. 指數、類股（族群）、個股 輪動關係與強弱比較

ABC 法則空頭 轉向 123 法則多頭

當大盤指數在空頭市場中，信心極弱，多方要先讓權值股止穩，穩定住大盤指數後，多頭會由類股中的族群大漲攻擊，出現指標股領頭羊，這就是主流股，當股價突破下降趨勢線，站上季線 MA60 後，

不同的族群紛紛起立上漲，形成輪漲結構，這時作多比較好賺，但是空方還沒消失，因為利空環境，因素，都沒有消失，短期上漲會引來融券大舉放空，領頭羊要不斷強勢上漲，帶領整個族群，成功轉成為多方控盤。這時類股輪流開始大漲，要買進強勢股，大波段操作，重押而且持股抱牢。大盤指數會<u>漲到 MA 240 年線</u>。那時市場就是一片興奮聲音，開始看好未來。

多頭市場只分上漲波與回檔波

上漲波：1 和 3 法則

1 法則：大盤量滾量上漲，有主流類股產生

最強個股＞ A 類股（族群）＞大盤指數＞ B 類股

a. 只買進最強個股股票與 A 類股

b. 若是大盤指數最強，是權值股最強，要買進期指做多。

2 法則：大盤漲多後，量價背離，小量過新高，撐不了多久還是要拉回，指數會回測月線，記住<u>拉回換主流股</u>。

拉回幅度與空間：個股拉回 H*0.8

3 法則：大盤整理完，仍舊滾量上漲，不過有新主流類股（族群）產生，會有新領頭羊指標股帶領類股上漲。

最強個股（領頭羊）＞ B 類股＞大盤指數＞ A 類股

只買進最強個股與 B 類股。

回檔波：2 法則

1 法則中最強個股與 A 類股，漲多拉回，（個股往往漲一倍以上）
但是未來仍然有高點，因為漲高籌碼大亂，需要清洗浮額，所以要拉
回。2 法則重點是在前波最強勢個股和類股。這些將進入時間波的中期
整理。（時間波 21-34 循環股價拉回 H*0.8 或是 H*0.7）。

108 年大盤空頭 ABC 法則轉多頭 123 法則

123 法則轉向 ABC 法則

當大盤指數跌破季線 MA60 時，上升趨勢線也跌破，操作模式由
多方轉成空方控盤放空操作，多方必須出清持股，建立空方放空部位，
或是期指避險。

123 法則轉 ABC 法則時，你會發現漲少跌多，跌停板更多，而漲
停板的個股往往是一日行情，那時投資人仍舊是多頭思考，搶反彈與

買進強勢股都很容易爆量，當各類股會輪流下跌，大盤指數會重挫到
MA240 年線，那時市場就是一片空頭聲音。

空頭市場只分下跌波與反彈波

下跌波：A，C 法則

大盤跌破上升趨勢線，跌破季線。 A 法則往往是權值股領先下跌
的一波，大盤期貨指數要避險空單，因逆價差會不斷擴大。

A 法則：大盤下殺取量，四手黑盤，有主跌類股產生

最弱個股＜ A 類股＜大盤指數＜ B 類股

當大盤破季線 MA60，只放空最弱個股與 A 類股因它們跌幅最大，
個股跌幅目標 H*0.5 位置。

C 法則：大盤跌深下殺取量 . 停損與斷頭發生

a.B 類股或是（權值股）＞大盤指數＞ A 類股＞個股

不搶反彈 . 仍放空最弱個股 與 A 類股（將要補跌）。

**b. 當連續 B--C--B--C 波完成，股價大部分已經斷頭，可作全面性
大反彈。幅度最大 L*1.3. 行情快又急，但是仍不一定搶反彈。可耐心
等打底完成。**

**c.當大盤仍在 C 法則時，可留意選擇領先開始作 1or2 法則的個股，
等待大盤 B 法則時搶進。**

另一種長空模式：

C 法則：大盤量能仍萎縮 . 小於 MV44 量 . 任何反彈仍是放空點

最弱個股＜ B 類股＜大盤指數＜ A 類股

只放空最弱個股 與 B 類股（主跌類股換人跌），**等到最抗跌的 A 類股開始補跌下殺，就表示大盤快要見到底部了。**

反彈波：B 法則

B 法則：

A 法則中仍有許多個股與 B 類股，仍在頑強抵抗，短線或許還有高點，但是時間不多，準備補跌走 A 法則。總之，覆巢之下無完卵，空頭市場，所有股票都會跌，只是跌多跌少的問題。這時市場會告訴你超跌，本益比低，具有長期投資價值，不過………當你 A 股票賠錢 B 股票賺錢時，會不會一起賣掉，這就是情緒感染，被市場利空嚇破膽子。再舉個例子，兩間公司同樣是每年賺 EPS=10 元，一家股價 100 元，一家股價 300 元，在空頭時，你會賣哪一家公司股票。

成長性強的產業，毛利率高，只在多頭市場有效，在民國 79 年，指數從 12682 點下跌，政府 8000 點護盤，腰斬又跌到 4500 點，再加碼護盤，還是續跌到 2674 點。空頭市場的可怕與威力。技術面會殺死基本面。

B 法則重點在跌深反彈與補跌股，許多個股反彈站上 MA10，MA20 後，會再破 底走 C 法則，反彈時間波約 5-8-13 天循環，因為是逃命波，個股反彈空間不大，L*1.2，不建議搶反彈，多方只有當沖或隔日沖，空間不大。

107 年 10 月大盤 123 法則轉 ABC 法則。

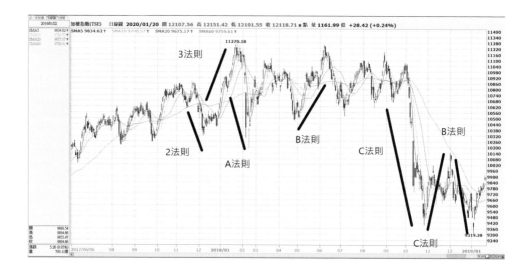

第二節　以連續 K 線角度選擇股票，有五種基本選股法（必背法則）

第一種：分時走勢比較法（當沖法寶）

適用對象：當沖客或短線投資人

方法：分時走勢圖，比較每一細微波與大盤指數的對應關係，當天分時走勢比大盤強勢者，都是當天當沖或短線買進標的。

每天分時走勢分早場，中場，尾場，發動時間不同，在指數大跌時很好選，因為萬綠叢中一點紅，很容易吸金。如果大盤大漲，使用分時圖會比較困難選，因為指數權值股最強，很多股票早盤會因大盤強勢而上漲，可惜到了中場就掉下來，開高走低，賺指數賠價差。不過當沖不一定要出場，因後市有行情，今天無法沖掉，明天還是再漲上來，權值股漲量能增加，個股都會輪漲，不一定非當沖不可。**所以指數大漲盤，建議不一定要當沖，留倉更好**。

一天 4.5 小時交易時間：

試撮合：

1. 每天開盤前 0830 時，可開始試撮合，很多股票買賣可提前預掛單（假掛單），會發現許多股票是漲停板的，到正時開盤前 5 秒抽單，就是有心人怕今天不好出，先假掛單漲停，到開盤前，很多不明的投資人會上當，去追價掛買單，結果開平盤帶量，特定人已出貨一大半，這是政府交易制度的漏洞，投資人要明辯掛單真實。

2. 相反的，特定人要進貨，在試撮合以跌停板預掛，到正時開盤前 5 秒抽單，改掛買單吃貨，引誘投資人低掛賣單，讓特定人吃到便宜貨，這種爾虞我詐行徑，投資人要明白。

早場（0900----1030）：口訣：買強勢空弱勢

1. 期指夜盤就會告訴你，台股今天開盤會跳高或跳低多少點，要買比大盤強勢的個股，**假如大盤跳高 200 點，只能買在 10 點之前鎖漲停的股票，比大盤強勢才行**。大漲盤不好當沖，因為有 1000 檔股票都在漲，不贊成當沖是因為未來還有更高價，縱使你的股票今天是相對弱勢，整理完還是會再漲上去。

2. **大盤小漲或小跌開盤，買進股票迅速拉升漲 5% 個股**，它是最容易拉漲停的。可在股票軟體裡，按下漲跌排行榜，就可一目了然，觀察開盤 15 分內，股價拉抬上漲 5% 個股，當此股平行整理時，就是買進時機，10 點要迅速漲停才行，日線 3K 法剛突破者，都是這類型。若在 1030 前無法關門漲停可當沖一次，看他回檔情況再行判斷，這類股票往往日線已經漲了一段，才鎖不住漲停。

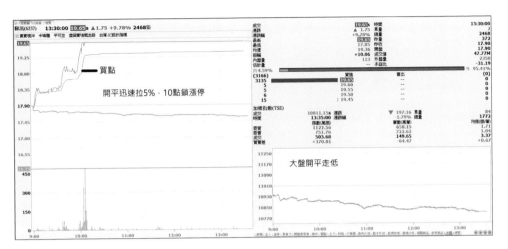

3. **1030 之前，股價沒有鎖注漲停板，可以當沖一次**，因為會爆量，
   但不一定會拉回太多，萬一拉回幅度大，今天高檔成為短壓區。

中場（1030----1230）

1. 1030 過後，可以喝杯咖啡，因早盤強勢股，無法鎖漲停的到了

中場都會拉回整理,整理成功,再拉到漲停。所以有充裕時間慢慢找中場股票。若大盤早場高點在 10 點,約 11 點後就可以找股票當沖。可根據 10 分 K 線,拉回 5-8-13 跟 K 線時間。

2. 中場時間,找突破早場高點的股票,要找早場已經漲 2% 以上的股票,中場整理完,再拉抬上漲,若是漲停鎖不住,還是可以當沖。

下圖是 1526 日馳 分時圖,中場拉抬。

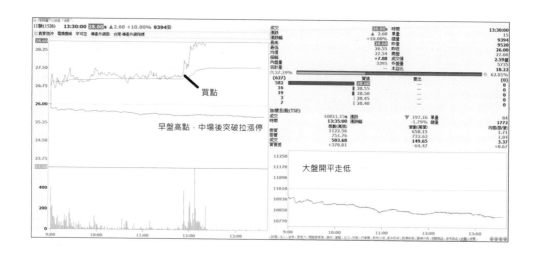

108 年 4935 茂林 分時走勢中場過早場高點,拉漲停。(大盤平盤游走)

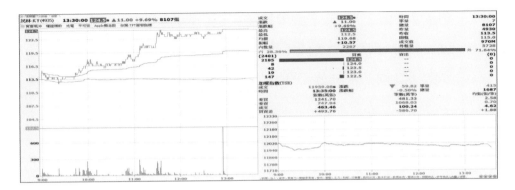

3. 大盤上漲與個股分時圖，不只是比較強勢，也要知道誰是弱勢，
   在盤中就可以賣出，在空頭市場，這些弱勢股就是先賣（放空）
   後買（回補）的標的。

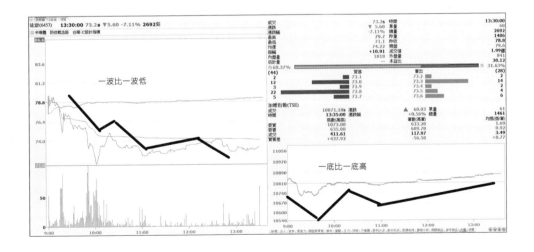

尾場（1230----1330）

1. 尾場拉抬目的不是為了當天，是明天，今天仍慢慢吃貨，量不

要放太快，等明天才放量拉高。這一點很重要，投資人可觀察就可發現好股。今天拉尾盤，明天續攻的，一般都是主力股。

下圖是 5215 科嘉 60 分時圖，6 月 4 日，尾盤 20 分偷拉，6 月 5 日拉漲停。

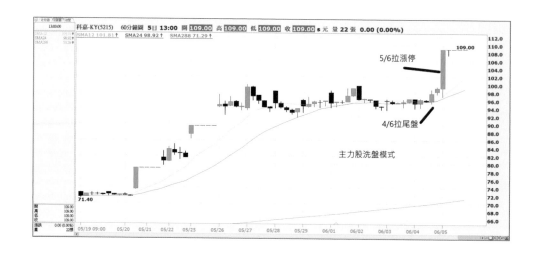

2. 有些是主力股，前天爆量，今天要價穩量縮，控盤拉尾盤到今天的相對高就可以，不需天天急拉，代表此股票是長期操作股，不漲停但漲不停。大波段去追蹤，觀察主力是如何作價，洗盤，是一個重要工作。不建議只會當沖，隔日沖，長線的獲利，不要小鼻子小眼睛，這樣永遠賺不了大錢。

3. 1230 以後拉抬股票，因空方沒時間反撲，只要拉抬股價超過早，中場高點，股價很**容易**收在今天高點。要注意有一半股票明天見高點後又拉回整理。

下圖是 4968 立積 5 月 29 日分時圖，拉尾盤。

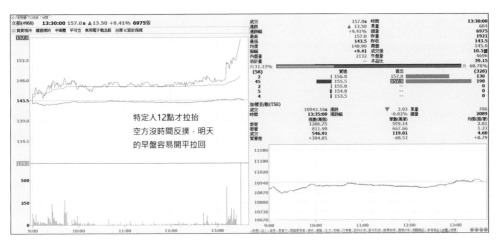

特定人12點才拉抬
空方沒時間反撲，明天
的早盤容易開平拉回

下圖是 4968 立積 6 月 1 日分時圖，前一天拉尾盤，隔天拉漲停為主力股現象。

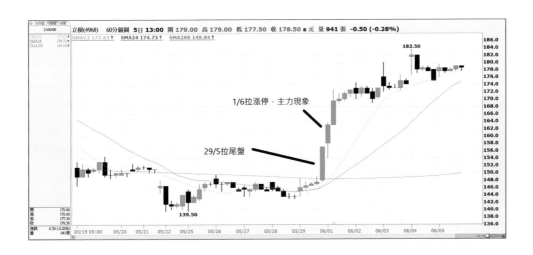

1/6拉漲停，主力現象

29/5拉尾盤

4. 許多主力拉尾盤，最後 15 分鐘前才急拉，為的是明早的出貨。

下圖是 3289 宜特 2020 年 5 月 28 日分時圖，偷拉尾盤。

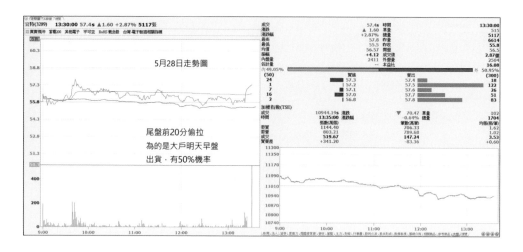

5月28日走勢圖

尾盤前20分偷拉

為的是大戶明天早盤

出貨，有50%機率

下圖是 3289 宜特 2020 年 5 月 29 日分時圖，昨天拉高今早好出貨。

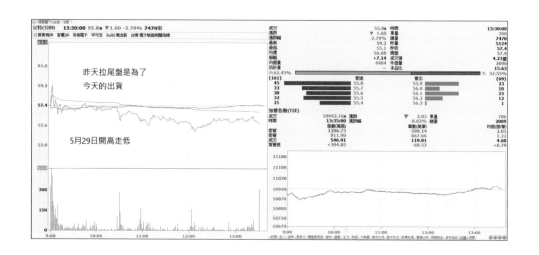

昨天拉尾盤是為了
今天的出貨

5月29日開高走低

5. 國內有兩大財經報紙，許多記者在明天要刊登的產業個股財報，
在今天就知道要報導的股票，記者幫們會事先進貨，等待明天
股票利多見報，投資人大力搶進時，他們集體出貨，不做長線

操作，只做這種無風險的內線操作，政府知道也置之不理，違
反公平交易。

如果記者投顧有招會員，我一定加入。

想說的是報派的股票，明白基本面就好，觀察幾天，再決定是否
進場，千萬不要急著追價。

下圖是 4123 晟德 2020 年 2/6 股價先漲吃貨，3/6 利多見報連漲兩
根漲停。

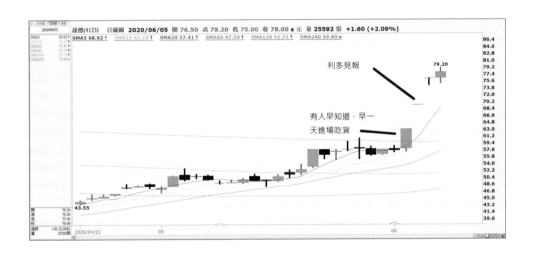

第二種：3 天 K 線比較法（不同於 3K 買賣法）

適用對象：當沖，隔日沖或短線投資人.

方法：123 法則中，比較個股 3 天 K 線強勢於大盤者，特別是 3K
法剛突破者，當天分時走勢比大盤強勢者，都是買進標的，如果當天
分時圖漲 5% 更好，有機會當天拉漲停板。

要注意空頭市場是比較誰弱勢，而非強勢。

兩圖比較三天強弱勢：

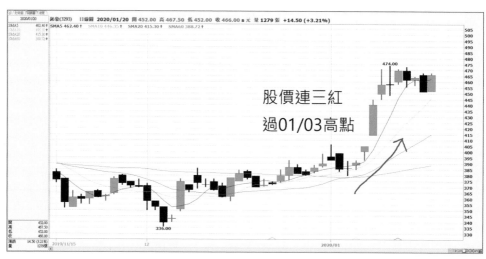

第三種：波浪比較法（波段比較法）如上圖

適用對象：波段操作投資人.（最適合上班族）

方法：比較個股與大盤每一波浪強弱勢，是時間波的比較，同一時間內兩圖來做比較，很容易找出強勢股。買進的個股波段比大盤強勢，而且領先突破前波高點。需用到兩張圖形比較（個股與大盤）。

下面兩張圖是 加權 日線 與 3373 熱映 日線 ，同時期的波段比較。

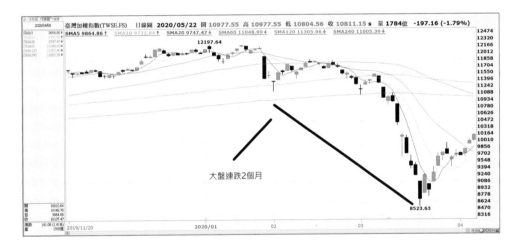

大盤連跌2個月

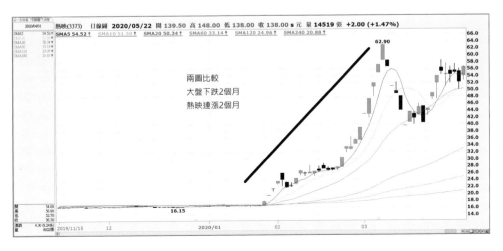

兩圖比較
大盤下跌2個月
熱映連漲2個月

第四種：MA 比較法 （移動平均比較法）

適用對象：波段操作投資人。

方法：比較個股移動平均線 MA 與大盤 MA 的相對位置。重點在買進個股的 MA 位置強勢於大盤和其他股票，代表此個股還會續創新高。

下圖是大盤跌到年線，世芯只回到月線強勢於大盤。

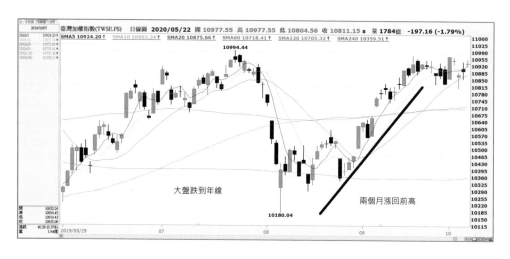

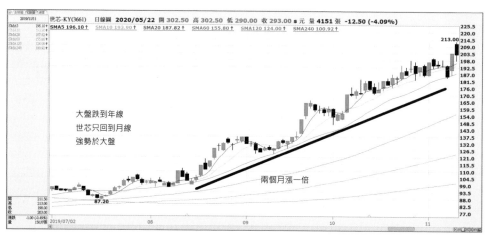

109 年 01/03 大盤連跌四天，跌破月線，高力在 MA10 盤整，大
漲 2 個月。

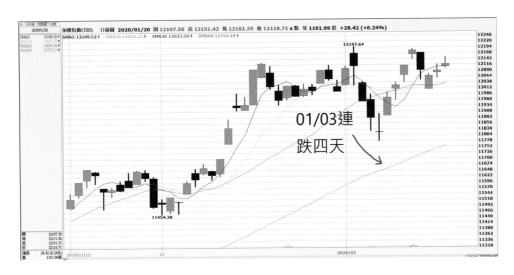

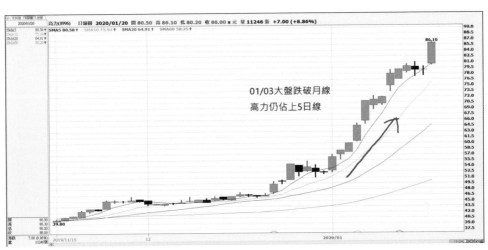

第五種：格局比較法

適用對象：大波段操作投資人（最適合上班族）

方法：比較個股 123 法則與大盤 123 法則強弱勢，最適合上班族無法看盤，大波段操作者。

1. 當大盤來到 3 法則高點時，賣出 A.C 法則個股。

2. 當大盤來到 2 法則低點時，作多 1.3 法則個股。

3. 當大盤來到 A 法則低點時，不搶個股反彈，多單穫利了結。

4. 當大盤來到 B 法則高點時，作空 A.C 法則個股。

5. 當大盤來到 C 法則高點時，作多 1.3 法則個股。

如上圖大盤連跌四天，跌破月線，走 2 法則。

3293 鈊象　連三紅，股價突破前高，走 3 法則。

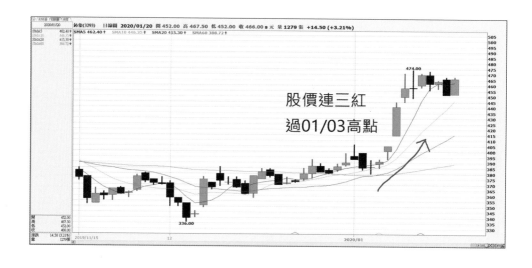

結論

A.股價會說話：股價領先基本面三－六個月

由股價技術面強勢的個股下手，再找出它找基本面上漲的原因。

不要用分析的角度去找基本面好的原因，因它太過個人觀點，如果是好公司為何還會套牢，真正好股票好公司就會有人吸貨，讓前面有套牢的人解套。

好股價的定義是由主力（公司派）來進貨，作價，自然股價就不容易跌，有很多好公司因基本面強，可是公司派不捧場，自然股價就不容易大漲。

B.基本分析找潛力股方法：業績成長性

題材性：現今明星產業，有故事性潛力股（曝光率高）

1. **營收大幅成長公司：30% 以上**
2. **營餘大幅成長公司：50% 以上**
3. **原料成本大幅降低公司（毛利上揚）**
4. **產品漲價公司（供不應求）**
5. **處理閒置資產公司或土地開發（資產股）**
6. **私募 . 現金增資、除權、除息公司**
7. **新產品研究開發（轉機股）**
8. **轉投資成功子公司（IPO 上市）**
9. **富爸爸效應：入主（借殼上市）或人事變動（新任董事長）**
10. **重大消息發佈（財報地雷或利多，注意消息利多出盡）**

C.操作面選擇個股思考原則

1. 股本小，10億以下籌碼穩定，容易拉抬。

2. 股價低基期，日，週KD值多頭循環。

3. 是否有主力？追價力會告訴你。

4. 營收，獲利成長性要在50%以上，才是有基本面題材。

5. 題材性，明星產業看好，電視媒體曝光率高，最好是能常常上報的題材。

6. 公司派大股東作多心態，如私募，現金增資。

7. 融資浮額高低。

D.當大盤站上年線MA240時，70%個股也都會輪流走入多頭市場，成長性好的個股會先走123法則，技術面多頭市場強勢個股要先買進，因公司派大股東心態急於作多，但是領先股漲幅超過一倍後，上漲速度會放慢，改由其他股票補漲，當上漲一倍後，就會進入週線的中期整理。資金會輪動到其他股票，所以多頭市場股票具有輪漲性，不要只吃一道菜。所以老師的名言：<u>股票不分好壞，只分前後。</u>

E.當大盤跌破年線MA240時，90%個股也都會輪流走入空頭市場，意思是，當大盤下跌走A法則後，開始反彈走B法則，前波段最強的類股與個股拉回走2法則，有些會再創新高。然後開始進行強勢股最後補跌（A波），代表基本面好的個股也要走ABC法則，只是延後而已。

F. 123 法則的資金輪動性

　　主流類股中的一線股會先漲，漲一大波段後，資金會輪動到再漲二線股，這是產業成長趨勢。

G. 多頭市場產業族群資金輪動

　　先漲先休息，意思是領先股漲一倍後，上漲速度會放慢，資金會流到二線股補漲股，（比價理論），後漲的股票會急漲到滿足點。同時也告訴大家滿足點到了，留一點給別人賺，也留一點給別人套。

第十五章

基本面選股法

基本面選股：價值型投資與成長型投資

買入時機：股價低基期

天機圖操盤追求的是投資報酬，每年 30% 成長，而且是年年複利成長，（股神巴菲特是 50 年複利成長 20%），如果你將此書精華吸收，就會明白在股市賺錢不是一件困難的事。困難的是在如何守住你的財富。我指的事是股票以外的家事，房事，鳥事。

天機圖操盤法是屬於成長型投資，美國投資家費雪為代表，只使用到**本益比選股與產業景氣循環選股**，而 **ROE 選股，股價淨值比選股，高殖率選股是屬於價值型投資**，美國股神巴菲特為代表。在台股，老師認為**價值型投資在空頭市場才用的上，買入時機是要股價低基期時才好。技術上都是在年線以下**。特別是現今媒體鼓吹「存股」觀念，人人在尋找下一檔台積電，既然存股要存 10 年以上，要在空頭年才是介入時機。平時存老本，股價暴跌才進場。

台股在民國 79 年，每日交易量高達 3000 億，那時股票不到 800 檔，檔檔高本益比 50，甚至 100 倍以上。現在至今平均本益比 13.6 倍，代表散戶資金退出市場轉入銀行體系，約有 40 兆金額，開放外資進入市場，約占整體股票市值 30%，但是外資只買績優的摩根股，約 70 檔，平均本益比 20 倍，這些績優股有外資特定資金加持，在空頭裡回檔，

269

幅度較小，其他中小型股一失血，股價腰斬連連，再加上政府長期抽證交稅，如同長期抽血，每年又有新上市股，約 100 檔公司進入市場，增加籌碼，而市場資金 20 年都沒增加，現今更開放當沖，來增加稅收，又能穩住指數，一舉兩得，但是每年震幅會變小，市場失去投機性，失去活潑性，只會讓更多的散戶退出失場，稅收減少，交易量變小，終將輪為世界的二流股市，會讓企業出走籌資，長期而言，非國家之福。

在空頭市場，可以發現約有 500 檔以上，落入淨值附近或以下，檔檔都成了價值型投資標的，這些都是冷門股，小心賺了殖利率賠了價差，這就是為何天機圖操盤法鼓勵用成長型投資，兼具投資與投機。

基本面領先技術面：下場往往不好

當財報公佈進入到下半年，會發現不少許多價值被低估的「好股」，低股價，低本益比，又是成長股，可是股價偏偏漲不起來，為何

答案是股本偏大，股性冷，產業前景不明，大股東對股價冷淡，沒有主力想去介入，或者是買進以後不久就賣出，這些都是原因。也是天機圖操盤法採用成長型投資，以技術面為先，基本面為輔的策略。

下圖是 4915 致伸日線 2019 年走勢圖。

這是一檔基本面相當棒的公司，高 EPS=4.8 元，低 PE=13，營收成長 24%，淨值 27.7 元，股價卻從 67 元跌到 34 元，合乎天機圖規定。

致伸(4915) 合併營收營益表

註：102Q1起採用FRSs，稅前盈餘以合併計算，稅後盈餘為母公司。

營收成長24%eps=4.8元PE=13，低本益比

年月	營收	月增率	年增率	營收	年增率	稅前盈餘	稅後盈餘	每股營收	每股稅前盈餘	每股稅後盈餘
109/05	5,192,517	-20.26%	2.69%	25,228,795	6.39%	--	--	--	--	--
109/04	6,512,177	15.45%	29.81%	20,036,278	7.39%	--	--	--	--	--
109/03	5,640,849	119.46%	7.20%	13,524,101	-0.86%	265,613	275,813	30 14	0.59	0.62
109/02	2,570,359	-51.62%	-11.75%	7,883,252	-5.92%	--	--	--	--	--
109/01	5,312,893	-24.93%	-2.81%	5,312,893	-2.81%	--	--	--	--	--
108/12	7,077,017	-17.42%	48.13%	80,644,441	24.43%	2,913,901	2,134,870	179.79	6.50	4.80
108/11	8,569,554	-8.46%	35.36%	73,567,424	22.54%	--	--	--	--	--
108/10	9,361,898	0.18%	26.28%	64,997,870	21.03%	--	--	--	--	--
108/09	9,345,358	8.92%	24.41%	55,635,972	20.19%	2,031,984	1,532,775	124.53	4.55	3.45
108/08	8,579,706	16.49%	33.72%	46,290,614	19.38%	--	--	--	--	--
108/07	7,365,499	11.08%	29.33%	37,710,908	16.53%	--	--	--	--	--
108/06	6,631,004	31.13%	27.83%	30,345,409	13.80%	865,159	768,855	67.92	1.94	1.73

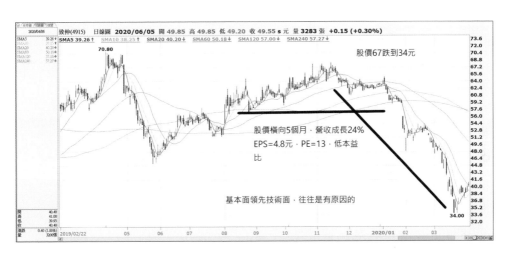

股價67跌到34元

股價橫向5個月，營收成長24%
EPS=4.8元，PE=13，低本益比

基本面領先技術面，往往是有原因的

筆者常說的一句話，**股價崩盤時，基本面（財報面）才有意義。**

　　想「存股」的投資人，只有一招，平時多存錢，當股票崩盤時，

再來存股，金錢換股票，放個一兩年，投報率５成，一倍都很正常。

第一節　基本面五大選股法（資料數據由財報狗，CMoney 提供）

1. 本益比選股
2. 股價淨值比選股
3. ROE 選股
4. 產業景氣循環選股 ---YOY 選股（營收 . 盈餘成長選股）
5. 高殖利率選股

本益比選股——很重要。

目的在找出此個股的未來價值，簡單說就是要預估股票未來合理股價。

因為產業景氣循環有高有低，企業盈餘會依他的產業需求，會成長也會衰退，本益比會有高有低，因股價會領先基本面 3-6 個月，會發現今年股價上漲，PE 上升，代表明年公司會成長，營收，盈餘明年才看得到，等到明年基本面上來了，營收，盈餘增加，PE 下降，股價反而不漲，因為股價已經來到高基期，反映了基本面，籌碼也大亂，需要更長的時間修正。

PE= 市盈率。市盈率又稱本益比、價盈比、P ／ E 值，指投資者獲得單位盈餘所付出的成本，其公式為：

本益比 = 每股市價 ÷ 每股盈餘

簡單說就如：

你買 500 萬元的小套房，每年收 10 萬房租，算出本益比是 50 倍，

也可以理解成，如果每年收 10 萬房租，要幾年才能收到原本投入的 500 萬的房租（回本）？

50 倍的本益比，就代表要 50 年才能回本！

反過來說，**如果一個投資要 50 年才能回本，本益比就是 50 倍。本益比低，代表越具有價值型投資**。

一家上市公司股價長期在股市波動，可以找出本益比的高值與低值，更可以畫出長期的河流圖，甚至可以有 30 年的本益比河流圖，其實太長時間意義不大，還是以五年河流圖為佳。我習慣抓 PE 在 10---20 倍之間操作，20 倍以上代表股價被高估，有下修風險，10 倍以下股價被低估，隨時都有彈升的可能。

本益比的高低是隨著產業循環，企業盈餘而變動，如 3324　雙鴻 107 年 賺 3 元，EPS=3，Q3 毛利率 11.3%，本益比約低值 15 倍，高值約 30 倍，到了 108 年，合併營收增加 34%（YOY），Q3 毛利率 21.1%，EPS=12 元。可以預估其股價合理本益比低值在 12*15= 180，高值在 12*30= 360

假設 109 年，能賺 EPS=20，即可以算出其預估其股價合理本益比在 20 *15= 300 元。高值在 12*30= 600，但是公司盈餘 EPS 是變動的，會成長，也可能下跌，所以投資人只能根據每月公佈的月報表營收成長來判斷。

如果你判斷今年公司盈餘 EPS 可以成長 30%，在本益比低值 15 倍，180 元以下去買入，風險就相對偏低，如果股價跌到 100 元，本益比低剩 10 倍，獲利就有很大空間。

雙鴻 107 年 108 年股價走勢

108年EPS賺12元
本益比低值12*15=180

107年本益比高值90/3=30倍
本益比低值45/3=15倍

242.50

45.00

　　結論，一檔股票在年線以上，股價不斷上漲，營收成長 YOY 也在攀高，本益比自然升高，我們就可以斷定這檔股票高本益比，自然會高成長，相反的一檔股票在年線以下，股價不斷下跌，營收成長 YOY 雖然還沒有起變化，本益比下降到 10 倍，我們就可以斷定這檔股票低本益比，未來營收成長 YOY 將會衰退，股價仍會不斷下挫，不可以介入這種衰退的低本益比，因為股價永遠反映未來。

　　簡單說，買入**低本益比高成長股**就對了。

　　下圖是 2449 友達 周線 2017 年 EPS 賺 3 元，本益比 5 倍，而且淨值比 =0.63，財報上應該具有長期投資價值，2018 年 EPS 剩賺 1 元，本益比變成 10 倍，公司盈餘是衰退的，2019 年更慘 EPS=-1.9 元，說明股價漲跌，反應的是盈餘的成長性。

目前股市將近有 300 家公司，低本益比，低淨值，小心這些公司有很多是產業趨勢走空，供給大於需求，不可以單看這家公司賺多少錢，**決定股價漲跌只有一種因素——盈餘成長性。關鍵在大家手上都沒有貨，只能進場買進，股價自然會大漲。**

還有一種衡量股價是否合理的公式：

本益成長比（PEG）。

前面所知本益比是股價除以每股稅後盈餘，意思就是指本金與收益的比值，本益比愈高，預期回收資金的速度就會愈慢。有些公司之所以能夠享有 30 倍本益比，而另一些公司只有 10 倍本益比，主要原因是市場預期 30 倍本益比的公司，未來盈餘有望大幅成長，看重的是它們未來公司的成長性。

獲利成長對於本益比的高低有關係，所以不可以單單使用本益比作為進場的依據，採用加入獲利成長的本益成長比來計算。

我們以 A、B 兩家公司為例子，計算其本益成長比（PEG）：

A 公司：本益比為 30 倍，預估未來淨利成長率為 30%

本益成長比＝ 30（本益比）÷30（預估未來淨利成長率）＝ 1 倍

B 公司：本益比為 10 倍，預估未來淨利成長率為 5%

本益成長比＝ 10（本益比）÷5（預估未來淨利成長率）＝ 2 倍

本益成長比在 1 倍代表目前股價合理，在 1 倍以下，代表股價被低估，如果低於 0.7 倍以下，就是買進股票的好時機，本益成長比在 1 倍以上，則代表股價已經慢慢高於合理範圍；如果高於 1.5 倍以上，就可以評估是否賣出。

股價淨值比選股（參考用）

淨值就是把把公司所有資產賣掉後然後拿去還債，每股可以分到

多少錢　完全不考慮未來可以創造多少價值，所以代表股價最少值多少錢，可以在財報裡頭找出，其實就是所謂的帳面價值。

股價淨值比 = 股價 / 淨值

多頭市場裡，80% 股票淨值比都會大於 1，空頭市場裡就不一定，很多股票會跌破淨值，淨值比會低於 1，107 年空頭市場就有 300 多檔股票股價淨值比小於 1，理論家認為淨值比會低於 1，可以買進，等到淨值比會大於 1.5 賣出，我並不認同，不適用於台股，台積電淨值 65 元，你可能 100 元就賣出，現在 330 元，那你不是氣到跺腳。台股中只有資產股或傳產股較適合而已。

建議賣出點可參考此股票過去 5 年，淨值比河流圖高值。

20 年的統計，**發現台股股價淨值比在 0.5 附近，是最佳的買點**，持股一年以上，勝率 90%。但是無法保證有多少投報率。

公式如下：

1) 股價淨值比在 0.5 以下或附近

2) 公司連續五年是有賺錢

3) 不管本益比多少

或是：

1) 股價淨值比在 1 附近

2) 公司連續五年是有賺錢

3) 今年是成長型營收（YOY）> 20%

4) 資產負債表中，負債越少越好

下圖是 3037 欣興 104 年在淨值比 =0.5 時，13 元以下買入，108 年

公司盈餘大成長，股價漲到 50 元

下圖是 3596 智易 周線 107 年淨值 44.5 元，營收成長 32%，股價
跌到淨值 44 元，符合高成長，低淨值比買點。

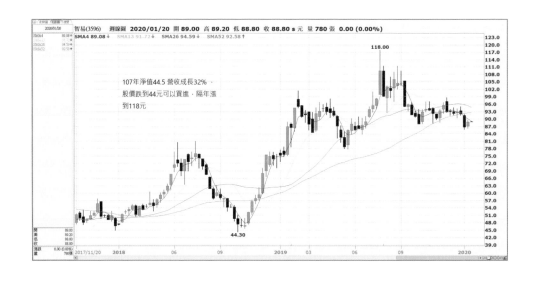

ROE 選股（股東權益報酬率）（參考用）

公司財報的真實性？有一個故事是這樣的：

一個會計師死後，閻羅王問他想上天堂或是下地獄？「當然是天堂！」會計師不假思索地回答。

「不用急，既然你是專業人士，我特別允許你可以先參觀比較後再作決定。」

會計師發現天堂裡人人清苦自持十分無趣，反而是在地獄大家酒池肉林、放縱歡樂，於是他選擇了地獄。

幾天後，閻羅王巡視地獄時，遇上了戴著刑具正在做苦工的會計師。

會計師大聲喊冤：「明明你給我看的地獄都是在享樂，怎麼我進來之後完全不是那樣？」

閻羅王不疾不徐地回答：「哦～我以為每一個會計師都懂得，分辨什麼是美化後的資訊。」

該如何分辨資訊的真實性呢？首先必須先看懂什麼是資產負債表資產負債表是由資產，負債及股東權益等三部分所組成。

資產包含了流動資產、長期投資、固定資產、和無形資產。 企業的一切資產都是用於取得經濟利益， 透過和淨利比較的資產報酬率，可以了解企業使用資產取得獲利的效率。

資產報酬率（Return of Assets，簡稱 ROA）= 淨利 / 總資產

資產報酬率代表著：公司把錢拿去買資產，創造獲利的效益。如

果資產報酬率長期比定存利率，或長期公債利率還差，那公司還不如把錢拿去買定存或債券，不只獲利較好，安全性還更高。

東貝八年來的資產報酬率在 5% 上下徘徊，景氣好時大於 5%，景氣差時小於 5%，這顯示東貝的獲利只是單純靠著景氣推動，本身獲利能力上無過人之處。

對資產的了解，歸納一些重點：

1. 資產報酬率＝淨利／總資產

2. 資產報酬率衡量公司利用資產創造獲利的效率

3. 資產報酬率高於長期無風險定存、公債利率為佳

4. 資產報酬率的長期走勢比絕對數值重要，平穩或上升較好

負債：定義：因企業經濟活動所需而向外舉借的債務。

總負債為流動負債和長期負債的總和，通常會以負債比例－負債和總資產的比例做為觀察。負債比例沒有越低越好這回事，當公司處於成長階段時，適度的借債反而有利企業發展。 以實務來看，穩健成長企業的負債比率通常低於 60%。 而觀察負債的組成結構時， 短期借款 + 應付商業本票 + 一年內到期長期負債 + 長期負債佔負債的比例越低， 償債的壓力越小、整體負債的品質越佳。

股東權益（淨值）：**定義：公司的自有資金，或總資產扣除負債剩餘價值。**

淨值（或稱為股東權益）主要包含股本、資本公積、和保留盈餘。透過和淨利比較的股東權益報酬率（ROE），可以瞭解股東整體資金的獲利效率。

ROE= 稅後純益 / 股東權益

ROE 越高公司越能替股東賺錢，用 ROE 可以看出一家公司利用股東權益 創造獲利的能力好不好，由於購買一家公司的股票你就是股東，因此 ROE 數值愈高獲利能力愈佳，股東就可能享受到公司所給予的獲利愈多。

EPS 只能反映「 賺多少 」。

ROE 則反映「 賺的效率 」。

EPS 和 ROE 的差別在於，EPS 使用發行股數當分母，ROE 則用整個股東權益當分母。

普通股股本和股東權益，兩個分母的差別在於「 特別股和保留盈餘 」隨著企業不斷成長，企業保留盈餘會不斷累積成長，保留盈餘會用來購置公司資產，再更進一步擴大獲利。

高 ROE（有效率）的公司，EPS 不一定很高

股票代號	股票名稱	股本佔股東權益比例(%)	2013 EPS	2013 ROE ▽
3008	大立光	4.40	71.64	35.95
2912	統一超	37.81	7.73	35.79
2227	裕日車	11.98	24.33	31.98
3045	台灣大	58.45	5.79	27.23
2105	正新	40.82	5.72	26.21
2330	台積電	30.59	7.26	23.94

ROE高的股票，代表有效運用公司資源
但這些企業的EPS不見得高

股神巴菲特，就很喜歡用 ROE 來挑股！

ROE 長期維持 8% 以上，且持續成長的公司為佳

巴菲特非常注重股東權益報酬，公司究竟能利用股東權益，創造多少獲利？

他接掌波克夏之後，從未分配半毛錢股利給股東，就是因為他認為，若能把賺得的盈餘再投資，就能為股東創造更多報酬。

設定 4 個條件：找出最有價值的股票

1. 最近 10 年，每年 ROE 都大於 8%

2. 最近 3 年，平均 ROE 大於 15%

3. ROE 連續 1 年創新高

4. ROE 創歷史新高

台股有 1600 多檔，你不可能檔檔用人工去計算 ROE，與同業之間的對比，請參考「CMoney 網站」中的基本面「選股網」。用電腦來篩選，只要給於上述條件，答案馬上出來。

筆者天機圖操盤，並沒有使用此法。但是對存股的人來說 ROE 是不錯的方法，外資的摩根股，0050 中 50 檔成分股，都合乎條件。

產業景氣循環選股：YOY 選股（營收、盈餘成長選股） （天機圖操盤法，70% 機率使用此法）

獲利能力是驅動股價上漲的動力，只研究技術面的投資人，股票是抱不久的，唯有對獲利能力去評估公司，才產生公司未來信心，持股才會堅定，獲利能力高營收高，股價才會大漲。

其實政府對投資人滿好的，規定公開發行公司，每月 10 號前要公布上個月營收，一間公司的營收成長率，可以看出企業是否有成長性。

如此一來投資人每個月都能取得最新的資訊，來替股票買賣做決策，如果把這個月營收跟其他期作比較，就能看出公司的是否具有成長性。

營收月增率：跟上個月比較（MoM）
營收年增率：跟去年同期比較（YoY）

要考慮淡旺季之分，合併營收年增率（YoY）較有參考價值，相鄰的兩個期間直接相比，不一定很合適。

例如玩具業或禮品業，第 4 季的營收一定比第 3 季好很多，但並不是因為企業營運好轉，而是因為聖誕節因素才會使得營收大增，所以這樣的成長，是屬於季節性因素，如果將這兩季拿來相互比較，就得不到投資者想要的資訊，有失客觀性。

最好的方式就是將今年第 4 季的營收，拿來跟去年第 4 季營收相比較，也就是使用 YOY，所得到的成長率才是最好的方法。

營收成長：代表公司銷售能力變好

營收年增率穩定大於零，代表公司正在穩定成長，可能代表公司開發了新客戶

或者發展出新技術，正在逐漸擴充市場，通常營收穩定上升的公司。

營收年增率小於零，代表公司發展可能正在衰退，營收年增率忽高忽低，代表營運風險高，如果某家公司的成長率忽上忽下，呈現劇烈變化，代表這家公司的客戶來源不夠穩定，處於極大的風險。營建業的營收成長率，不具參考性。

在 2013 年以前，營建業原本能夠依照，工程的完工進度來認列營收，之後改用 IFRS，卻只能等完工後才能一次認列。所以營建業的營收常常有暴起暴落的現象，使得營建業的營收成長率不具參考性。

毛利率：反應產品的附加價值

毛利率＝（營業收入 - 營業成本）/ 營業收入

毛利率越高，公司越有能力進行研發，提升獲利品質，毛利率越低，越容易虧損，代表營業成本佔營業收入的比率越低，也就是經營者以較低的成本，生產出售價較高的產品。如果公司銷貨收入，和原料成本之間的差距越大，那就有越多錢拿來研發，廣告、或提供更好的服務。

相對地，毛利率低公司，只要原物料價格上漲多一點，或產品的市場價格下跌一點，就容易發生虧損，很多電子代工廠毛利只剩 3~4%。

下圖是 3324 雙鴻 108 年 MOM，YOY 30% 以上，毛利率 11% 成長到 21%，

EPS 3 元成長到 12 元，股價 45 元漲到 243 元，大漲 5 倍。

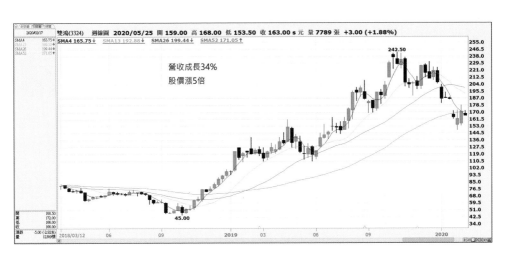

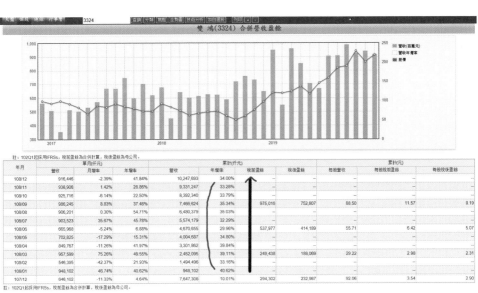

年　月	單月(仟元)			累計(仟元)				每股營收	累計(元)	
	營收	月增率	年增率	營收	年增率	稅前盈餘	稅後盈餘	每股營收	每股稅前盈餘	每股稅後盈餘
108/12	916,446	-2.39%	41.64%	10,247,693	34.00%	--	--	--	--	--
108/11	938,906	1.42%	28.86%	9,331,247	33.28%	--	--	--	--	--
108/10	925,716	-6.14%	22.50%	8,392,340	33.79%	--	--	--	--	--
108/09	986,245	8.83%	37.46%	7,466,624	35.34%	975,016	752,807	88.50	11.57	9.19
108/08	906,201	0.30%	54.71%	6,480,379	35.03%	--	--	--	--	--
108/07	903,523	35.67%	45.78%	5,574,179	32.29%	--	--	--	--	--
108/06	665,968	-5.24%	6.88%	4,670,655	29.96%	537,977	414,189	55.71	6.42	5.07
108/05	702,825	-17.29%	15.31%	4,004,687	34.80%	--	--	--	--	--
108/04	849,767	-11.26%	41.97%	3,301,862	39.84%	--	--	--	--	--
108/03	957,599	75.26%	49.55%	2,452,095	39.11%	249,438	188,069	29.22	2.98	2.31
108/02	546,395	-42.37%	21.93%	1,494,496	33.16%	--	--	--	--	--
108/01	948,102	46.74%	40.62%	948,102	40.62%	--	--	--	--	--
107/12	646,102	-11.33%	4.64%	7,647,308	10.01%	294,302	232,987	92.06	3.54	2.90

註：102Q1起採用FRSs，稅前盈餘為合併計算，稅後盈餘為母公司。

結論

1)**每月找出營收 MOM，合併 YOY 成長 20% 以上公司**，雖然股價已經反應一個月，但是還在相對低檔區。

2)**假設毛利不變，合併 YOY 成長 20%，EPS 約可成長二成，YOY 成長 30%，EPS 約可成長五成。**

3)**當公佈季報時，注意其毛利率變化，若毛利再高成長，獲利會倍增。**如 3324 雙鴻一飛沖天。

4)月報表每月 10 號公佈，往往公佈後股價會開高走低，因為股價已事先漲高，技術面領先基本面 3 個月，拉回後仍要在月線找買點，成長股的景氣循環大都有 2-3 季，往往 6 月份以前所公佈的月報，季報成長股，股價往往會反應到營收的最高峰第 3 季，股價高點常常在此時間。

5)不要以為股價漲一倍叫作高點，高還會更高，看看上圖 3324 雙鴻，YOY 成長 30%，股價漲 5 倍，不要以為不合理，最高本益比 20 倍。

6)財務報表是落後指標，但是還是有很大用處，特別是遇到股災，股票跌幅腰斬再腰斬，這個給一些本來就是競爭性強的成長型公司，股價拉回，創造一個很棒的買進時機，那時財務報表就是最好的依據。

下圖是 3661 世芯 日線 在股災來臨時，股價重挫就是一個好買點。當股災過去，又會恢復原本的成長趨勢。

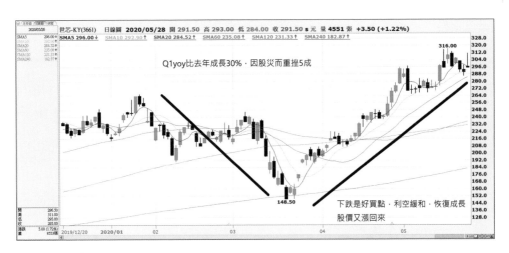

Q1 yoy比去年年成長30%，因股災而重挫5成

148.50

下跌是好買點，利空緩和，恢復成長
股價又漲回來

世芯-KY(3661) 合併營收盈餘

好業績yoy30%成長股就是標的

註：102Q1起採用FRSs，稅前盈餘為合併計算，稅後盈餘為母公司。

年月	單月(仟元)			累計(仟元)				累計(元)	
	營收	月增率	年增率	營收	年增率	稅前盈餘	稅後盈餘	每股營收	每股稅前盈餘	每股稅後盈餘
109/04	530,416	-14.68%	57.26%	2,050,293	41.02%					
109/03	621,679	23.96%	24.35%	1,519,807	36.10%	227,713	174,311	25.03	3.75	2.87
109/02	501,419	26.22%	75.46%	898,444	45.66%	--	--	--	--	--
109/01	397,250	-30.78%	20.00%	397,250	20.00%	--	--	--	--	--
108/12	573,929	30.33%	75.80%	4,329,103	25.29%	525,283	433,512	71.47	8.67	7.20
108/11	440,377	5.62%	106.16%	3,750,083	19.83%	--	--	--	--	--
108/10	416,935	35.63%	65.53%	3,307,845	13.52%	--	--	--	--	--
108/09	307,407	-1.07%	3.09%	2,889,827	8.63%	353,717	291,934	47.94	5.86	4.86
108/08	310,718	7.16%	4.87%	2,582,397	9.33%	--	--	--	--	--
108/07	289,948	30.33%	4.64%	2,271,489	9.98%	--	--	--	--	--
108/06	222,480	-26.56%	-30.37%	1,981,455	10.85%	205,886	175,826	32.93	3.42	2.93
108/05	302,926	-10.18%	-6.43%	1,757,554	19.70%	--	--	--	--	--
108/04	337,276	-32.54%	1.33%	1,453,949	26.98%	--	--	--	--	--

7)財務報表的領先指標是什麼**資本支出才是基本面的領先指標**，

　　可以在每季的財報裡，現金流量表中，籌資活動現金流入流出

　　一項中顯現，看出比前幾季增加的幅度。

　　　　資本支出是代表現在的機器設備無法應付未來營運高成

長，一定要擴廠或是添購設備或原料，所必須的支出。未來終究會貢獻營收在月報表裡，不代表下個月或下季馬上看得到營收成長。

下圖是 3483 力致 日線 Q1 資本支出大增，4月營收年增68%，代表未來營收會節節上升，成長性強。未來還有上漲空間。

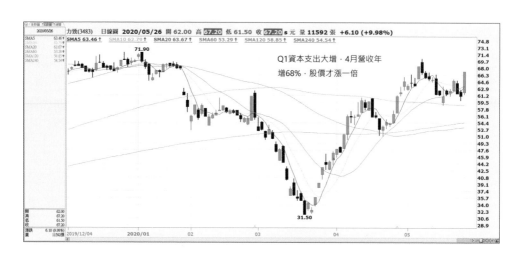

8) 真正的即時財報是什麼投信界裡叫「CALL 公司」，調研實地去拜訪這家公司，所得到的才是第一手資訊，一般散戶是作不到的，甘脆直接買進跟單投信買超股，叫作「認養股」。投信在季底有作帳壓力，所以好公司會越買越多，當然股價會爆發，這是找潛力股的方法，有基本面在後面，又有法人當後盾。

但是要注意幾點，當投信認養單一股票，買超達股本 15%，買爆了人人都進場了，要注意什麼時候股價漲不動，代表有一股更大的賣壓在上面，萬一行情反轉，法人殺出，要小心被大象踩死，這是跟單投信要知道的。一般投信不作短線，不像自營商以短進短出造量為主，持股抱太長，投報率不一定好，抱上又抱下也是常有的事。還是按照天機圖法則操作法才是正解。

高殖利率選股（參考用）

投資股票，尤其是除權息旺季時，（每年六到九月，尤其是七月跟八月）殖利率是一個很重要的指標。把錢放在銀行定存，要比較「年利率」，投資房地產當包租公，收租金要考慮「租金報酬率」。那長期投資股票呢 你一定要搞懂「股票殖利率」。

「股票殖利率」該怎麼計算？

以**台積電（2330）**來說，2015 發放的現金股利是 6 元，如果你以 100 元買進。

股票殖利率 =[現金股利] 除以 [股價]

$6 \div 100 = 6\%$

也就是說，你買一張 100 元的 **台積電（2330）**

每年收到現金股利 6 千元 ，換算成現金股利的年報酬率就是 6%，如果要估算，過去每年的殖利率，我們一般是用，現金股利除以除息前一天的收盤價。

殖利率與股價變動的 2 個關係

1. 買進的股價越低，殖利率就越高

2. 買進的股價越高，殖利率就越低

高殖利率最好是能大於 4，通常現金殖利率大於 4%，就稱為高殖利率。長線投資人，應該關注股票殖利率，選擇股利發放穩定，且股票殖利率高的公司，若配上穩定的股利發放 ，就更棒了。

找出高殖利率且長期穩定的股票

1. 現金殖利率 > 4%

2. 近 3 年現金股利 不曾衰退

3. 負債比 < 40%

4. 速動比 > 200%

注意：投資人要考慮下列問題

1) 筆者常說殖利率是個假議題，因除息是自己配給自己 ，除息前一天股 100 元，配 4 元，殖利率 4%，除息後是 96 元開盤，還要多繳利息所得稅和健保補充保費，大戶除息就要特別注意。不一定有利。因台股多頭市場填息率高達 80% 以上，投資人仍是興沖沖參予。

高殖利率是個題材，在每年 6 月除息旺季，就會開始吸金，下圖是 2467 志聖，日線 2020 年 6 月 8 日除息，配 2.5 元，殖利率高達 8%，除息前都會有拉高行情，但是股價是不會飆，飆高殖利率就會下降。

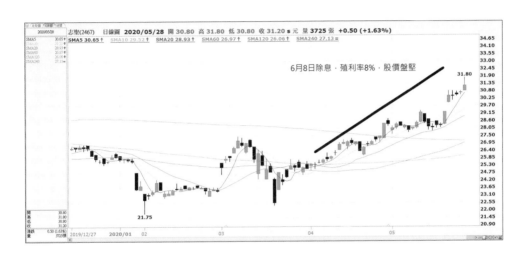

2) 找出個股過去的配股率，許多公司有平衡股利政策，不管景氣循環好壞，每年配股都一樣，如台塑集團。

3) 找出連續五年都賺錢，殖利率 4% 以上公司，若是本益比在 10 倍左右更好。都是可以買進長期投資的標的。

4) 預估今年本益比，一定是要成長型公司，這非常重要，萬一公司衰退，本益比下修，股價大跌，就變成賺股利，賠股價，得不償失。

5) 高殖利率的股票，最大的好處是抗跌性強，有上漲空間，但是漲幅不一定很大，不必把焦距放在這些股票，還是專注在成長

型的股票才是正解。

6) 基本面找潛力股方法：業績的成長性

題材性：現今明星產業，有故事性潛力股（曝光率高）

A. 營收大幅成長公司：30% 以上

B. 營餘大幅成長公司：50% 以上

C. 原料成本大幅降低公司（毛利上揚）

D. 產品漲價公司（供不應求）

E. 處理閒置資產公司或土地開發（資產股）

F. 私募 . 現金增資 . 除權 . 除息公司

G. 新產品研究開發（轉機股）

H. 轉投資成功子公司（IPO 上市）

I. 富爸爸效應：入主（借殼上市）或人事變動（新任董事長）

J. 重大消息發佈（財報地雷或利多，注意消息利多出盡）

產業景氣循環與選股關係

個別產業景氣循環對股價長期趨勢是非常重要，對於存股或是長期投資人，選錯產業景氣，是很痛苦的一件事，如近 3 年來的面板，LED 產業，供過於求，紅海市場，上百家上市公司股價潰不成軍，雞蛋水餃股一堆。一位投資人要學習產業景氣，還真的是一個大工程。

在第四章 成交量裡 「在資金流向是上漲的保證」（page55），**資金流向是非常快速的，不斷在各族群裡轉，抓住「領頭羊」很重要，和他所屬的族群，上下游關聯性股票，這對操盤非常有幫助，也是選股的一個「眉角」。**

下面提供電子產業關聯圖，操作股票時可參考明白，更近一步去
了解族群裡，其他股票基本面情況，當然亦可上網去查詢個別公司產
品，都有助於在資金輪動時，因為有這些關聯性股票，你就能早一步
發現市場資金動向。這個工程需要一步步來，是永久的學習。

電子業產業關聯圖

(上游)

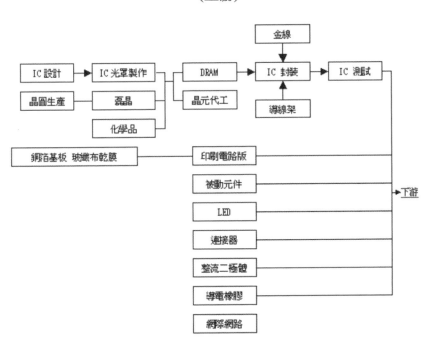

　　下圖可在元大證券官網上找到，所有台股的產業景氣分類，更把
各族群產業細分，股市相關產品的公司一一列舉，投資人可慢慢學習，
學無止境。

| 產業景氣分類 | 元大證券官網 |

	DRAM記憶體IC	SRAM記憶體IC	FLASH記憶體IC	DSL晶片組
	網路卡IC	集線器IC	無線網路IC	衛星導航晶片組
	智慧卡IC	STB IC	繪圖IC	數據機晶片組
	CPU	DSP	馬達IC	電池保護IC
	類比IC	IO控制IC	其他IC	IC設計軟體
IC設計	IC設計	晶片組	網路通訊IC	LCD驅動IC
	消費性IC	光碟機驅動IC	LCD控制IC	PC週邊IC
	MCU	設計IP	影音IC	ASIC
	記憶卡IC	CMOS晶片	嵌入式晶片	感測元件
	生物辨識IC	高速傳輸介面IC	SSD控制IC	電力線載波晶片
	安全監控IC	LED驅動IC	數位電視IC	觸控IC
	MEMS			
IC封裝測試	IC封裝	IC測試	IC封裝測試	LCD驅動IC封裝
印刷電路板相關	玻纖布	雷射鑽孔機、鑽頭	PCB材料	軟板
	軟板基板	印刷電路板	銅箔基板	銅箔
	印刷電路板相關			
顯示器	顯示器	投影機	投影機零件	液晶電視
	顯示器零件	3D顯示相關	LCD顯示器	數位看板
光碟片	光碟片	碟片預錄		
	網路電話(VOIP)	無線網路設備系統(WLAN)	通訊設備	電信設備
通訊設備	衛星通訊設備	資安設備	天線	接取設備
	數據機	5G通訊設備	物聯網裝置	區域網路
	通訊設備零組件	衛星導航	小型衛星地面站	基地台
	網路交換器	低雜訊降頻器	4G通訊設備	RFID相關
	近場通訊(NFC)			
手機	手機	手機製造	智慧型手機	
通訊服務	電信 / 數據服務	通訊服務	行動通訊	
	電腦通路商	手機暨周邊通路	IC零組件通路商	其他電子元件代理

產業景氣分類

電子類 ∨	網絡通訊IC ∨	產業	相關公司 ∨	獲利能力分析 ∨

季別: 109.1Q ∨

股票名稱	營業毛利率	營業利益率	稅後淨利率	每股淨值	每股營業額	每股稅後淨利	股東權益報酬率	資產報酬率
2379瑞昱	42.22	9.1	10.24	56.85	31.35	3.21	5.81	2.24
2388威盛	35.82	-4	2.05	7.15	3.08	0.01	0.78	0.46
2454聯發科	43.11	9.53	9.54	206.34	38.47	3.64	1.81	1.3
3094聯傑	73.32	5.99	0.94	13.26	0.6	0.01	0.04	0.05
3169亞信	49.71	17.94	17.51	17.44	2.26	0.4	2.35	2.1
3228金麗科	76.65	0.84	1.92	6.17	1.11	0.02	0.35	0.32
5468凱鈺	37.73	-19.35	-18.11	5.31	1.56	-0.2	-4.67	-1.67
8040九暘	31.04	-3.35	-60.16	10.14	3.02	-1.82	-16.44	-11.61

第二節　投信買賣選股法

　　投信基金大多堅信「基本面」選股，因此受到股民信任與捧場，往往今天買進的股票，明天上漲機率有70%，造成在短線操作與當沖有機可趁，買超股票明天周轉率都會飆高，投資人一窩蜂搶進，容易爆量上漲。

　　投信界共同買一檔股票，叫做「認養」，基本面一定好，各基金為了季底作帳，會越買越多，A基金買500張，賺一支漲停，B基金不想認輸，就買1000張，只要再一支漲停，兩家績效就會一樣，如果再漲一支漲停，A基金就輸了，被迫還要再加碼，等到加碼到一家公司股本的15%，大概就是上限，這可就要注意，股價是否漲不動，如果股價開始下跌，就要注意投信是否賣超減碼，再倒楣一點，大盤走入空頭市場，此股票基本面那麼好，難道就不跌了嗎？

　　不，覆巢之下無完卵，投信是法人也跟人一樣，績效不好也是要捲鋪蓋走人，空頭市場來臨，除了賣掉一些賠錢的股票，同時也會將基本面好的股票，一起獲利了結，如果投信連續性賣超一檔股票，稱之為「棄養」，這是投資人要知道的知識。

　　現在資訊透明化，交易所每天都會公告投信，外資買賣超內容，稱為「合法明牌」，投資人有券商軟體提供也都有。

　　如下圖：2020年5月29日上櫃投信買超股，可以發現買超第一名，4162智擎，連續三天投信都買超，合乎「認養」標準。有任何拉回去買，股價都還有高點，勝率70%。

　　投信買超股，最好是選擇買超第一天時進場，配合小股本，低融資，可當沖，同類股是否也一起跟漲，這樣漲勢會更強。

　　在空頭市場，不建議用此法，因為常常是一日行情，投信基金在空頭可減碼到5成，但是不可以超過三個月，必須回到最少7成持股，所以一到空頭會發現投信集體躲到避險股去，如電信股，台塑三寶，金融龍頭股等，等空頭過去，就賣超這些股，資金又重新回到成長題材股去。

名次	股票名稱	收盤價	漲跌	漲跌幅	買賣超張數
	上櫃投信買超1日排行			日期：05/29	
1	4162 智擎	72.30	+ 5.40	+8.07%	1,049
2	1597 直得	95.80	+ 2.70	+2.90%	405
3	3556 禾瑞亞	70.30	+ 4.80	+7.33%	340
4	3324 雙鴻	169.50	+ 6.00	+3.67%	302
5	5457 宣德	81.80	-0.90	-1.09%	220
6	3227 原相	163.50	-1.50	-0.91%	164
7	3529 力旺	365.00	-0.50	-0.14%	158
8	8069 元太	40.60	+ 0.05	+0.12%	150
9	5306 桂盟	118.00	-0.50	-0.42%	136
10	4580 捷流閥業	109.00	+ 2.00	+1.87%	120
11	4736 泰博	293.00	+ 11.00	+3.90%	113
12	3105 穩懋	257.00	+ 10.00	+4.05%	110
13	5289 宜鼎	191.00	+ 4.50	+2.41%	100
14	5220 萬達光電	34.55	+ 0.30	+0.88%	90
15	9951 皇田	75.20	+ 3.30	+4.59%	70
16	3293 鈊象	560.00	-18.00	-3.11%	68
17	8086 宏捷科	90.80	+ 3.00	+3.42%	54
18	6138 茂達	78.80	+ 1.20	+1.55%	41
19	6223 旺矽	79.90	+ 1.00	+1.27%	40
20	6683 雍智科技	242.00	+ 11.50	+4.99%	38
21	6643 M31	305.00	+ 2.00	+0.66%	37
22	4966 譜瑞-KY	860.00	-20.00	-2.27%	28
23	6561 是方	408.50	+ 25.00	+6.52%	16
24	4107 邦特	130.00	+ 2.00	+1.56%	15
25	8044 網家	116.00	+ 4.50	+4.04%	13
26	6538 倉和	284.50	+ 3.00	+1.07%	9
27	5904 寶雅	578.00	+ 4.00	+0.70%	4

投信買超前十名

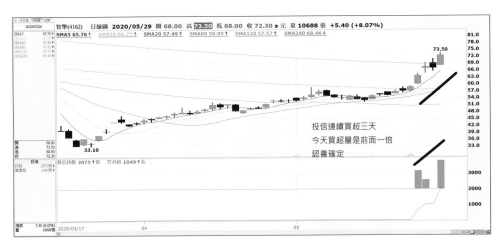

買超第二名，1597 直得，也是連續買超 6 天。也是認養股。

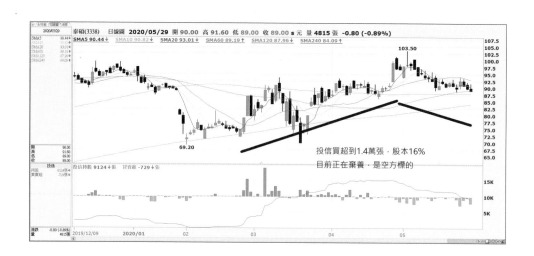

下圖是 3338 泰碩 日線 投信認養兩個月後，現在開始棄養，一路賣超，變成空方標的。

投信買超到1.4萬張，股本16%
目前正在棄養，是空方標的

第三節 合法明牌

由交易所公布的資訊裡，有一些是非常好用的明牌而且合法。

A.投信買賣超股，上述已說明。

B.處置股票：當某一股票飆漲或大跌，超出交易所設置的標準，就會處以分盤交易 10 天，來冷卻買賣情緒，有 5 分鐘分盤交易，買賣有限定可買進的張數，還是屬於一般正常買賣。（小弟）

如果還是繼續飆漲，就處置 20 分鐘分盤交易 10 天，屬全額交割，買進要先匯款到交割帳戶，賣出要簽存才行，非常不方便買賣。（升級為大哥）

一般股票飆漲後，漲了一倍，成交量都很大，周轉率也高，被公佈處置股票後，無法當沖，主力會順勢拉回量縮洗盤，前波高點不是高，過前高機率 80%，因為在分盤交易期間，主力無法出貨，必須等到被關出來，成交量回復正常，才有出貨的機會。

時代不一樣，現在的飆股，基本面都超強，成長性比投信選股更好，主力非一般大戶，都是跟公司派有關係的人士才會知道的產業前景。主力圈也是一樣，你的股票只被處置 5 分鐘分盤交易，那還是小咖股票，小弟級別，一定要炒到處置 20 分鐘分盤交易，全額交割，才可以升級為大哥。

編號	公布日期	證券代號	證券名稱	累計	處置條件	處置起訖時間	處置措施	處置內容
								交易所網站可查詢每日被處置股票公開報表明牌
	109/05/25				連續三次	109/05/26～109/06/08	第二次處置	
9		1325	恒大	2				
	109/05/20				連續三次	109/05/21～109/06/03	第二次處置	

　　下圖是 3324 雙鴻 日線 2019-2020 年走勢，投信一路買超認養，股價一路飆漲，最高漲到 242 元，5 倍，買超量達到股本的 26%，當投信開始棄養，股價也跟著跌，賣超到 0，股價止跌。

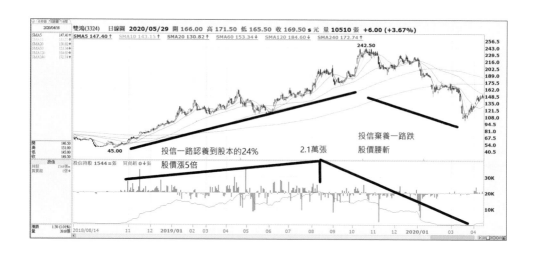

C. 還有一種合法明牌，叫「電視投顧明牌」，免費的明牌，投顧分析師素質良莠不齊，有些相當正派經營，更多的是賺會員的錢？？？投顧賺會費很正常，我指的不止這事，而是當會員追價拉漲停時，小心他把股票賣給你，不然電視費用每月 100 萬，他哪裡來的錢付啊？

　　紅牌分析師身價上億，無名的分析師撐不了多久，股票如果可以天天漲停板，投資 100 萬一年就可以賺 2.5 億，就可以當投顧老闆了，何必上電視講到天花亂墜，參加過的投資人都應該非常有感。

　　當然，投顧業比投信業，CALL 公司更勤，更努力研究基本面，看電視聽明牌可以，但是不必急於進場，可以忍得住嗎很難吧。投顧

業的資訊，比投信，報章雜誌來的快，收集基本面資訊才是正解。也
有些老師相當優秀，苦口婆心，說明產業基本面，操作面，經營的相
當辛苦。可是會員只想短期快速獲利，一賠錢，糾紛就出來了，不然
為何有許多老師到對岸發展。

　　下圖是投顧業的生態圖。

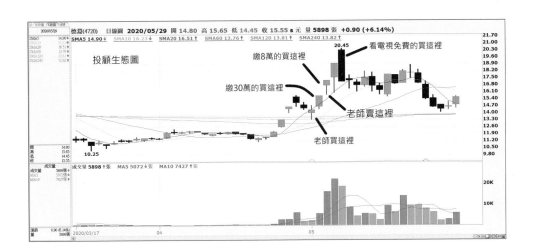

　　天機圖操盤法追求的是正道，每年 30% 成長性，20 年後，你的基
金公司 100 萬可以經營到一億的規模，如同台積電 20 年前，200 億成
長到現在 2000 億的資本，這並不容易，這是一條漫漫長路，路上有多
少風雨危難，需要一關一關的過，與投資人共勉學習之。

　　如果每位投顧分析師都能幫會員賺大錢，銀行定存就不會有好幾
兆元停在那裡，如果每周能賺一支漲停板，就不會有人還去辛苦工作，
借錢來玩股票就能致富，不是嗎？結論是要慎選分析師，正派經營的
也不少，有他們來作後盾，基本面都不會有太大偏差，只是技術面功

力尚淺，沒找到重點，還停留在買賣技巧上，但是這已經足夠。

還有一種投顧是賣股票軟體的，屬於正派經營，一般來說，股票軟體的買賣點都不錯，選股也沒問題，可是選完後明天可進場的股票有 20 檔，請問要買哪一檔還是 20 檔都買。 原則上使用股票軟體來操作，還是賺錢的多，賠錢的少，缺點是 20 檔股票裡只有一檔飆股，可能你還要用心一點去分辨，

另一個缺點是每年都還要繳資料傳輸費用，如果投顧公司有 1000 個會員使用軟體，光是傳輸費，一年的收入就相當可觀，這是正派經營，理所當然，祝福他們生意興隆。筆者有相當多的朋友在投顧界，上述所言，皆來自筆者的那些狼群狗黨，不小心說中，見諒海涵。

下圖是 1325 恆大 日線 投顧的股票，投信沒人買為何？因為他們懂財務報表

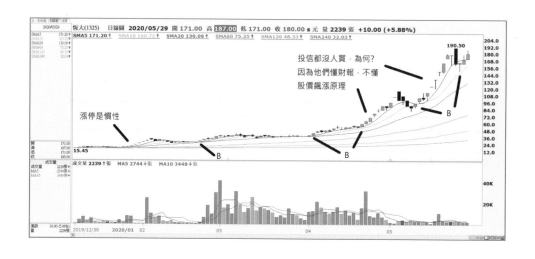

最後，幫我們社團作個廣告，**甲骨文證券研究社**，是實戰盤中直播教學，可以讓投資人短期內提升你的技術分析，少走幾年的冤枉路，歡迎投資人來加入社團，也歡迎來電討論股票問題。

甲骨文證券研究社 網站：www.oracle123w.tw
股市天機圖教育推廣課程： 余森山老師
E-MAIL ： oracle123w@gmail.com
邀約演講，課程及合作提案請洽徐碧蓮小姐
TEL： 0911741477　line id： 911741477

同時預約下一本書，將討論天機圖操盤法中，最精華的部分，即是組合拳的應用。

章節有：
1. 最狠的一招—必殺技
2. 天機圖必殺五絕招
3. 天機十三劍
4. 小波段投資人的必勝三絕招
5. 如何在股票賺大錢的操作模式
6. 長線投資人股票操作模式
7. 上班族股票操作三大絕招
8. 當沖法寶—5 招

國家圖書館出版品預行編目資料

股市天機圖操盤法／余森山著. --初版.--臺中
市：白象文化，2020.11
　　面：　公分
ISBN 978-986-5559-08-3（平裝）
1.股票投資 2.投資技術 3.投資分析
563.53　　　　　　　　　　109014416

股市天機圖操盤法

作　　者　余森山
校　　對　徐碧蓮、余森山
發 行 人　張輝潭
出版發行　白象文化事業有限公司
　　　　　412台中市大里區科技路1號8樓之2（台中軟體園區）
　　　　　出版專線：（04）2496-5995　　傳眞：（04）2496-9901
　　　　　401台中市東區和平街228巷44號（經銷部）
　　　　　購書專線：（04）2220-8589　　傳眞：（04）2220-8505
內頁排版　白淑麗
出版編印　林榮威、陳逸儒、黃麗穎、水邊、陳婥婷、李婕
設計創意　張禮南、何佳誼
經銷推廣　李莉吟、莊博亞、劉育姍、李如玉
經紀企劃　張輝潭、徐錦淳、廖書湘、黃姿虹
營運管理　林金郎、曾千熏
印　　刷　基盛印刷工場
初版一刷　2020年11月
初版二刷　2021年9月
定　　價　400元